찬양과 교회음악

찬양과 교회음악

·**초판 1쇄 발행** 2018년 11월 25일

·**지은이** 이경희
·**펴낸이** 민상기 ·**편집장** 이숙희 ·**펴낸곳** 도서출판 **드림북**
·**인쇄** 예림인쇄 ·**제본** 예림인쇄
·**총판** 하늘유통 (031-947-7777)
·**등록번호** 제 65 호·**등록일자** 2002. 11. 25.
·경기도 의정부시 가능1동 639-2
·Tel (031)829-7722, Fax (031)829-7723

·잘못된 책은 교환해 드립니다.
·이 출판물은 저작권법에 의해 보호를 받는 저작물이므로 무단 복제할 수 없습니다.
·독자의 의견을 기다립니다.

테마컬렉션 01
Theme Collection

찬양과 교회음악

이경희 지음

드림북

책을 묶으면서

　내게 떠오르는 예배당은 본당의 피아노와 그리고 뜰 앞에 채송화이다. 아주 어려서부터 그곳에서 찬송을 들었고 음악을 만났고 또 소리 내는 법을 배웠다. 한참 세월이 흘러 어른이 된 지금도 그렇게 찬송하고 섬기며 산다. 이 책은 찬양대원의 어린 시절부터 그 후 찬양대의 지휘자로, 그리고 대학의 강단에서 찬양과 합창 등을 지도하면서, 그동안에 생각하고 체험했던 것들을 정리한 것이다. 남에게 보이기보다는 내 자신에게 다짐해 두는 그런 것들이다.

　대학에서는 교회음악을, 그리고 유학 가시는 예배 음악학을 전공했지만, 소위 '음악 전문가'로 불리어지기 보다는 오히려 부족하지만 '찬양하고 찬송하는 제자'로 기억되기를 소망한다. 이 작은 책이 계기가 되어 나와 같이 생각하고 같은 길을 가려는 자들에게 조금이나마 보탬이 되었으면 참 좋겠다.

2018. 11.

이 경 희

목차

책을 묶으면서

■ 첫째 마당: 찬양의 길목에서

1. 음악을 통한 찬양 • 11
2. 언제 찬양하는가 • 13
3. 어디서 찬양하는가 • 16
4. 어떻게 찬양하는가 • 18

■ 둘째 마당: 찬양의 현장에서

1. 음악 하나님께 드리는 봉헌 • 25
2. 이야기와 원칙으로 제시된 교회음악 • 26
3. 구약과 신약의 구성 • 30
4. 신약 성경과 초대 교회의 음악 • 35
5. Chorale이라는 용어의 유래 • 37
6. Chorale과 Chorale Motet • 40
7. 코랄의 개혁과 연구 • 42

8. 코랄의 초기 형태 • 44

9. 루터가 교회에 끼친 영향 • 46

10. Gospel Song에 대한 두 견해 • 50

11. 예배에 있어서 Gospel Song 사용에 관한 찬반론 • 53

12. Christian Contemporary Music • 55

13. 예배 • 57

14. 예배에 있어서 음악의 위치 • 59

15. 예배의 교회적 용어 • 61

16. 교회력 • 63

17. 신앙의 눈으로 음악을 보자 • 65

18. 예배의 음악행위 • 67

19. 신앙과 음악행위 • 70

20. 음악의 질에 관련된 문제들 • 72

21. Worship Service의 요소 • 77
22. 왜 진리는 아름다움이 아닌가 • 79
23. 그리스도인의 음악 원칙 • 82
24. 찬양하는 자의 자질 • 84
25. 찬송하는 방법 • 87
26. 찬양대의 역사 • 90
27. 찬양대원으로써의 책임과 사명 • 92
28. 찬양 지도자의 책임과 사명 • 95
29. 음악 해석의 근본 • 102
30. 근대교회 음악사상 • 106
31. 한국교회의 찬송에 대한 의식 • 108
32. 음악과 은총은 구속의 순간이다 • 111
33. 그러면 교회음악이란 무엇이라는 말인가 • 113

첫째 마당

찬양의 길목에서

음악을 통한 찬양

음악을 통한 찬양의 개념은 이해하기 그리 어렵지 않다. 왜냐하면 그것은 우리 일상생활과 함께하기 때문이다. 세상의 모든 것이 단조의 음과 같이 슬픈 날과 장조의 음과 같이 기쁜 날이 번갈아 되풀이 된다. 때로는 알레그로 처럼, 때로는 안단테 처럼. 사람들은 삶의 대부분이 비바체의 기분으로 살아가고 싶어 한다. 찬양이란 우리가 하나님께 방향을 맞추고 음악을 통해 표현되어질 때 하나님께 직접 영광 드리는 일이 된다.

또한 찬양은 하나님이 어떤 분이며 어떤 일을 하셨는가에 초점을 맞추게 되고 그가 베푸신 놀라운 일들에 대한 감사의 표현이 핵심이 된다.

아직도 하나님을 묵상만 하고 있는 사람은 찬양에 들어가지 못한 자이다. 묵상은 찬양이 아니기 때문이다. 찬양은 하나님께 마음을 고정시키는 것부터 시작되어 반드시 행동으로 나타나야 한다. 성경적인 사랑은 태도가 아니라 행동이기 때문에 그러하다. 노래를 잘 부를 수 없다면 말로써 드릴 수 있고, 말을 할 수 없을 경우(예컨대 농아의 경우)는 얼굴 표정과 몸으로 표현할 수 있다.

찬양은 우리의 기분에 따라 해도되고 안해도되는 신택사항이 아니다. "내가 오히려 찬송하리라 : I will yet praise him." 그것은 의지로부터 나오는 기능이다. 때때로 곤란에 처해 힘들거나 침체되어 있을지라도 할 수 있어야 하고 우리 기분과 상황에 관계없이 하나님을 찬양하기를 소망한다.

> "내 영혼아 여호와를 송축하라 내 속에 있는 것들아 다 그의 거룩한 이름을 송축하라"(시 103:1)
> "내가 낙헌제로 주께 제사하리이다 여호와여 주의 이름에 감사하오리니 주의 이름이 선하심이니이다"(시 54:6)

언제 찬양하는가

1) 하고 싶을 때에 한다

"즐거워하는 자가 있느냐 그는 찬송할지니라"(약 5:13)

찬양은 우리의 감정과 상관없이 우리의 주도권을 요구하는 훈련임을 명심하자.

"내 영혼이 주를 찬양하며 내 마음이 하나님 내 구주를 기뻐하였음은"(눅 1:46-47)

그러므로 하나님을 찬양할 때 우리는 마음과 영혼을 동시에 사용하게 된다.

2) 지금 한다

"내가 전에 성일을 지키는 무리와 동행하여 기쁨과 감사의 소리를 내며 그들을 하나님의 집으로 인도하였더니 이제 이 일을 기억하고 내 마음이 상하는도다 내 영혼아 네가 어찌하여 낙심하며 어찌하여 내 속에서 불안해 하는가 너는 하나님께 소망을 두라 그가 나타나 도우심으로 말미암아 내가 여전히 찬송하리로다"(시 42:4-5)

이처럼 '지난 번 증후군'에 빠져 지난 번 나의 의무를 다했다고 생각해서는 안 된다.

"오히려 나는 여호와를 찬양하리로다."

시편 기자가 말했던 것처럼 낙망하고 기분 나쁠 때에도 지금 찬양함이 합당하다.

3) 어느 때든지 한다

"내 영광아 깰지어다 비파야, 수금아, 깰지어다 내가 새벽을 깨우리로다"(시 57:8)
"내가 주의 의로운 규례들로 말미암아 밤중에 일어나 주께 감사(찬송)하리이다"(시 119:62)

참고: 히브리어 '야다'는 '감사하다' 또는 '찬양하다'로 번역된다.

"또 찬송하는 자가 있으니 곧 레위 우두머리라 그들은 골방에 거주하면서 주야로 자기 직분에 전념하므로 다른 일은 하지 아니하였더라"(대상 9:33)

이렇게 말함과 같이 하루 24시간을 하나님을 섬기며 찬양 하는 일을 해야 한다

4) 힘든 때에도 한다

"항상 찬미의 제사를 하나님께 드리자"(히 13:15)

하루 중 어느 때, 어디에 있든지 하나님을 송축하는 일이 옳은 일이다. 하박국 선지자의 처방처럼(박 3:17-18) 모든 일이 뒤틀려 안 풀릴 때에도 여호와로 인하여 즐거워하며 소리 높여 찬양하는 것이 그 분의 뜻이다.

고난은 인내하는 것이지 극복하고 이기는 것이 아님을 기억하고 더욱 찬양의 제사를 드리도록 힘쓰자.

어디서 찬양하는가

1) 어느 장소에서나 한다

시편 149:5에서 처럼, 집에서 누워 있을 때에도 찬양한다.

"해 돋는 데에서부터 해 지는 데에까지 여호와의 이름이 찬양을 받으시리로다"(시 113:3)

이 구절은 전 지역에서 찬양해야 함으로 해석할 수 있다.

2) 성도들이 모이는 장소에서 한다

하나님은 회중 가운데서 찬양할 때 기뻐하신다.

"내가 주의 이름을 형제에게 선포하고 회중에서 주를 찬송하리로다. 큰 회중 가운데에서 나의 찬송은 주께로부터 온 것이니…"(시 22:22,25)

"내 발이 평탄한 데에 섰사오니 무리 가운데에서 여호와를 송축하리이다"(시 26:12)

우리 각자가 개성에 맞는 방법으로 우리 마음을 하나님께 표현할 수 있는 회중에서의 찬양이야말로, 성령 안에서 우리의 연합을 기뻐하시는 하나님께 찬양할 곳인 것이다.

3) 모든 사람들과 모든 나라들 앞에서 한다

오직 성도들만을 위함이 아니라 하나님의 역사가 만민에게 전달되고 불신자들과 온 세상에 선포 되어지길 원하시는 주님의 뜻에 따라 많은 사람들 앞에서 할 수 있다

"그의 영광을 백성들 가운데에, 그의 기이한 행적을 만민 가운데에 선포할지어다"(시 96:3)

그렇게 되면 그들 또한 여호와를 의지하게 될 것이다.

어떻게 찬양하는가

1) 손을 들어 찬양한다

가장 일반적인 방법으로 성령을 통해 드러나게 될 것이다.
(참고 느 8:6, 시 28:2, 63:4, 134:2, 141:2, 딤전 2:8)

우리가 하나님께 손을 들었을 때 우리는 하나님의 이름을 부르고 하나님께서는 우리에게 말씀하시는 교제가 이루어진다. 또한 손을 올리는 행위는 우리 삶 가운데 행하신 모든 역사를 받아들인다는 상징적 의미가 담겨져 있다. 주께서 우리를 위해 하신 모든 일을 기꺼이 받아들인다는 표시가 되는 것이다.

2) 손뼉 치며 찬양한다

"너희 만민들아 손바닥을 치고 즐거운 소리로 하나님께 외칠지어다"(시 47:1)

지나치게 요란해져서 "소리 나는 구리"나 "울리는 꽹과리" 처럼 소음에 불과한 것이라면 찬양의 깊이가 없어지므로 주의하면서 하나님께 즐거운 소리를 만드는 또 하나의 형태로써의 행위가 되도록 한다. 찬양은 하나님께 반응하는 심령의 가장 깊은 곳까지 도달해야 함이 목적임을 명심하자.

3) 악기를 연주하며 찬양한다

음악에 즉각적으로 반응할 수 있는 감각을 창조 받았으므로 악기가 단순히 반주하는 것 이상의 그 자체가 경배이다. 악기 연주를 하지 않더라도 우리의 찬양은 하늘에 상달되어야 하지만, 악기 사용이 허락되었으므로 올바르고 바른 능력을 갖추도록 하자.

4) 서서 찬양한다

우리가 하나님을 찬양하는데 매우 적합한 서 있는 자세는 깨어 있음을 의미한다. (참고: 대하 5:12, 시 135:2)

5) 공경하는 자세로 찬양한다

무릎을 꿇거나, 허리를 굽히거나, 얼굴을 땅에 대거나, 엎드리는 등 공경하는 자세로 찬양 한다.

> "오라 우리가 굽혀 경배하며 우리를 지으신 여호와 앞에 무릎을 꿇자"(시 95:6)
> "이십사 장로와 네 생물이 엎드려 보좌에 앉으신 하나님께 경배하여 이르되 아멘 할렐루야 하니"(계 19:4)

우리의 기쁨과 감격이 높으신 주 앞에서 사랑과 경외함으로 나타나는 태도라 할 수 있다.

6) 노래로 찬양한다

오늘날 우리가 사용하는 가장 보편적인 찬양의 형태이다. 말씀을 통해 하나님께 노래하라는 권고는 수없이 많다. 그냥 말로만 찬양할 때보다, 감미로운 곡조와 조화를 이루면 우리의 영혼은 하나님의 임재 안에서 고조되고 큰 감동을 받게 된다. 찬양드릴 때 음악이 마음을 여는데 얼마나 큰 역할을 하는지 우리는 잘 알고 있다. 음악이 들려서 귀에 전달되고, 목소리로 나타나기 전까지는 찬양이 아니다. 우리의 생각들 역시 찬양이 되려면 귀에 들려야만 한다.

7) 시각적 찬양, 몸으로 표현하며 찬양한다

춤추는 것은 진정한 찬양의 표현이다.
(참고: 출 15:20-21, 삼하 6:14-16, 행 3:8)
결국 이러한 표현들은 사람들을 위함이 아니라 하나님을 위한 것이다. 춤은 하나님 사역이 되어야 하며, 그 신체의 우아한 동작을 통해 다른 사람들의 영감을 고취시킬 수 있는 특별한 능력을 지녀야 한다. 춤추는 것의 이점은 신체적인 자유함이다.

"먼저는 신령한 사람이 아니요 육의 사람이요 그 다음에 신령한 사람이니라"(고전 15:46)

우리가 '영적' 자유함을 안다면 먼저 육신적 자유함으로부터 시작하게 된다. 우리가 '영적'이기 때문에 찬양하는 것이 아니라 하나님이 찬양받으시기 합당하시기에 찬양 드리는 것이다.

8) 외침도 찬양의 한 형태이다

"즐거운 소리로 하나님께 외칠지어다"(시 47:1)
Shout to God with cries of joy.

9) 방언 또한 찬양의 방법이다

"내 영혼아 여호와를 송축하라 내 속에 있는 것들아 다 그의 거룩한 이름을 송축하라"(시 103:1)

우리 속에 있는 모든 것으로 주를 사랑하고 찬양함이 마땅하다.

둘째 마당

찬양의 현장에서

음악 : 하나님께 드리는 봉헌

하나님이 나귀의 입을 통해서도 말씀하실 수 있고(민 22:21 이하), 질투를 통해 복음이 전파되도록(빌 1:15) 허락하시는 것도 사실이지만, 그것이 하나님이 선호하시는 방법은 결코 아니다. 그렇다 하더라도, 하나님이 가끔 이러한 방법을 택하여 긍정적인 결과를 얻는 것 처럼 보이기 때문에, 당나귀를 사용해야 한다거나 또는 스스로 당나귀가 되어야 한다고 생각하는 사람들이 있다. 불행히도, 많은 기독 음악인들이 하나님은 질적인 문제에 별로 관심을 두지 않는 것 같이 행동하고 있다. 때때로 그들은 영적인 질투심에서 사람들을 전도하려 한다. 예를 들어서 다음과 같은 경우를 생각해 보자. 즉, 'X라는 어떤 교회가 전도에서 놀라운 성공을 거두어 교인이 부쩍 늘고 있다.' 이럴 경우 X교회에서 사용하는 음악 program, 기법, 그리고 많은 활동들은 그리스도에게 돌아오는 것을 목표로 삼는 모든 교회의 부러움 내지는 질투를 산다. 그것을 부러워하는 다른 교회들은 X교회를 모방한다. 그리하여 성장된 X교회의 음악적 선택, 과학기술, 프로그램에만 주목하여 자신들의 교회성장을 위한 전략을 짠다. 그러나 그런 것을 모방했다고 해서 X교회와 같은 성장의 결과를 초래한다고 보장할 수는 없다.

성장으로 가느냐 못 가느냐의 핵심은 위에서 말한 그런 외형적인 방법이 아니라, 핵심은 '근본적'인 발상에 원인이 있다. 그러면 그 근본적인 발상이란 무엇인가? 그것은 한 마디로 말하면, 어떤 음악을 만드느냐가 아니라 왜 음악을 만드는가를 알아야 한다. 'know-how'보다 'know-why'의 중요성을 깊이 깨달아야겠다.

거룩한 싸구려는 그래도 싸구려다

효과적이라는 이유만으로 수준 미달의 것에 안주해서는 안 된다. 음악은 그리스도 예수 안에서 충만하게 넘쳐 흐르는 하나님의 은총에 직접 응답하는 예배 행위로써 신앙에 의해 만들어지고 행해진다. 음악은 예배의 보조나, 예배를 드리기 위한 도구가 아니다. 왜냐하면 음악은 수단과 목적이 되시는 하나님께 독특하게 바쳐지는 하나의 봉헌이다. 찬양은 곧 예배인 것이다.

성경에서는 '이야기'와 '원칙'으로 교회음악에 대해 제시하고 있다

 음악적 관점에서 보면, 예컨대 창세기의 유발(Jubal: 아담의 5대손)에 관한 이야기로부터, 그 밖의 결혼에 관한 이야기, 전쟁에 관한 이야기, 성전 건축에 관한 이야기, 종교적 축제에 관한 이야기 등등 다양한 이야기가 있는데, 그때 그때의 다양한 이야기에는 그것에 합당한 음악이 쓰이고 있음을 알 수 있다. 그런데 그때에 사용되는 음악을 주의 깊게 살펴보면 거기에는 '원칙'이 있음을 발견할 수 있다. 무슨 원칙인가?

 첫째, 교회 활동이 창조적이고 적절함을 분명히 하는 것. 이 원칙을 분명하게 하기 위하여 노래 부르기는 선택 사항이 아니라 명령임을 우리는 깨닫게 된다. 이것을 증명할 수 있는 것이 바로 시편에 나오는 "새 노래로 여호와께 노래할지어다"라는 구절이다.

둘째, 하나님을 향한 악기 연주도 강력한 명령이다. 그 예를 우리는 시편 147, 149, 150편을 통해서 알 수 있다.

셋째, 가사 있는 음악에서는 가사와 음악의 역할이 명확하게 구분되어진다. 예를 들면 에베소서 5:19에서 바울이 말한 "시와 찬미의 신령한 노래……"라는 구절이 그것이다.

넷째, 최상의 음악은 마음과 영이 합해졌을 때에 비로소 완성된다. 예를 들면 기도에 관한 바울의 권면으로 잘 알려진 "어떤 상황에 처해 있든지 감사함으로 음악하라"(빌 4:6)가 그것이다

교회음악에는 '신앙적 의미'의 세계가 분명히 있다. 그 세계란 가사와 음악에 실려 있다. 의미 없는 소리는 이 세상에 존재하지 않는다. 그렇기 때문에 작사와 작곡을 하는 사람들은 누구나 진리가 올바르게 예술적으로 표현될 수 있도록 최선을 다해야 한다. 그리고 동시에 지휘자와 Organist와 Solist들도 그 작곡된 곡과 가사가 전하려고 하는 신앙적 이해와 표현을 온전하게 회중들에게 전달해서 하나님께 전해지도록 해야 한다. 마지막으로 회중들도 책임이 있다. 회중들의 책임이란 찬송가를 부를 때와 성가를 들을 때 그 의미를 파악하려는 자세를 가져야 한다.

우리는 위에서 '신앙적 의미'라는 말을 사용했다. 이 말을 다른 표현으로 설명하면 그것은 교회음악에는 철학이 있다는 말로

바꿀 수 있다. 이것들은 서로 순환적 의미를 갖는 것으로 각각이 모두 중요하다. 즉 음악 속에 (1) 영성도 있어야 하고, (2) 이성도 있어야 하고, (3) 감성도 있어야 한다. 이 중 어느 하나라도 소홀히 하면 그럴 경우는 결코 '신앙적 의미'를 제대로 발휘했다고 볼 수 없으며 교회음악이 될 수도 없다. 이것이 교회 음악과 세속 음악의 명확한 구별이 된다.

  영성음악인이라는 거룩한 자손감을 갖도록 하자.

구약과 신약의 구성

▶구약(옛 약속에 관한말씀) : 하나님께서 이스라엘과 시내(山)에서의 약속.

▶신약(새로운 약속에 관한 말씀) : 그리스도 안에서, 이스라엘이라는 한 민족의 범주를 넘어서서 모든 사람과 맺은 약속.

1) 구약 이야기 구성

1. 원 역사

모든 인류의 조상이 되는 역사의 창조에 관한 이야기는 창세기 1장에서 11장에 걸쳐 구성되어 있다. 이 이야기를 단락별로 나누어 보면 다음과 같다.

천지창조에 관한 이야기(1-2), 인간의 타락에 관한 이야기(3장), 가인과 아벨의 이야기, 노아 홍수의 이야기, 바벨탑 사건(11장).

2. 족장 시대

다음은 창세기 12:1-50장의 이야기로, 여기에는 아브라함, 이삭, 야곱, 요셉 등의 이야기로 전개된다.

3. 출애굽 시대

모세의 40년 광야생활과 가나안 입성에 이르기까지 이야기로 구성된다.

4. 사사(師士) 시대

여기에서는 B.C 1200-1000 사이에 삼손과 사무엘의 이야기가 주를 이룬다.

5. 왕정 시대

제1대 왕 사울 이야기를 시작으로 다윗왕 이야기, 솔로몬의 제1성전 건축 이야기까지 구성된다.

6. 국가 분열시대

남쪽 유다왕국에서는 대표적으로 히스기야왕 이야기가 등장한다. 한편 북쪽 이스라엘에서는 대표적으로 아합왕 이야기가 등장한다. 그런데 이스라엘 B.C 721년 앗수르에 의해 멸망한다.

그후, 앗수르에 이어 앗시리아, 사마리아 이방민족이 대를 이어 옛 이스라엘 지역으로 이주하여 혼혈아가 생기고 그 과정에서 남북의 균열은 깊어만 간다.

7. 바벨론 포로 시대(B.C 587-538)

바벨론의 유화정책 시행(B.C 550년경)으로 인하여 이스라엘 민족이 석방된다.

8. 석방 후 시대

석방 후에는 본국으로 귀국하면서 그들은 회개운동을 일으킨다. 그 결과 하나님의 율법이 강화되고, 또 제2의 성전 건축이 시작된다. 또한 배타적 유대주의가(혈통적 순수성을 지키는 것을 중시) 등장한다. 이때의 대표적인 선지자로는 에스라, 느헤미야, 에스더 등이 있다.

2) 신약의 찬송

1. 노래의 흔적들
▶예수님과 제자들은 찬송을 부르고, 감람산으로 갔다. (막 14:26)
▶유대인의 관습 가운데는 노래를 통해 신앙을 표현하는 것이 보편적이었다. (마26:30)
▶예수님의 찬송가는 시편이었다.
▶최후의 찬송은 유월절 즈음에 불리웠는데, 그 내용은 시편 115-118편의 노래로, 예수 고난과 동일하다.

2. 노래의 방법
▶노래의 방법으로는 교창(서로 화답하면서 부르는 방법)이고, 그 때 쓰인 가사는 할렐루야와 아멘 응답이었다. 그런 전통이 오늘날 한국 교회에서도 이어지고 있다.
▶시편 인도자이신 예수께서 부르시고, 듣는 이들이 거기에 응답하는 형태도 있다. 그 예로는 시편 118:17을 들 수 있다. 그 내용은 예수님께서 사람들에게 용기를 주시는 가사이다. 그러므로 모든 찬송은 그리스도인들에게 무한한 용기를 주는 매개라고 할 수 있다.

3. 시편가, 찬송가, 영가

골로새서 3:16, 에베소서 5:19를 통해서 바울은 '시와 찬미와 신령한 노래'를 언급하고 그것들을 '모든 지혜로 피차 가르치며 권면하라'고 한다.

이런 점을 통해 지금의 우리들은 '바울의 찬양관'을 엿볼 수 있다. 그 예를 보도록 하자.

에베소서 5:19에서 보여주듯이, 교육적 차원에서 바울은 교회 음악과 예배 안의 음악을 별개의 개체로 취급하지 않고, 하나님의 진리를 이해하고 실천하게 하는 하나님의 귀중한 '주체적 역할'을 한다고 여겼던 것이다. 이런 점들이 우리들로 하여금 바울이야말로 음악을 교육적으로 매우 강조한 사도라고 생각하게 한다.

신약 성경과 초대 교회의 음악

 예수님께서 음치였는지, 노래를 잘 하셨는지, 성악에 알맞은 성대를 가지고 계셨는지 등등 예수님의 목소리에 대해 알 길은 없다.

 그러나 신약성경에 나오는 여러 가지 찬송이라는 단어 (모두 48번 등장, 참고로 구약에는 391번 언급)로 보아 분명 신약 시대에도 노래(=찬송)로 영광 돌리고 있다는 사실을 알 수 있다. 그렇다면 우리는 "예수께서도 찬송을 부르셨음"을 미루어 짐작할 수 있다.

 예수님께서 찬송하셨으니 우리도 찬송한다.

 ▶제자들과 함께 유월절을 지키기 위해서 예루살렘을 여행하

시면서 노래 부르심.
▶유월절 만찬을 드시면서 찬송하심.
▶갈릴리 해변에서 노래 부르심.
(참고: 막 14:26, 시 113-118)

다음으로 '칸디카(cantica)'라고 불리는 누가가 기록한 3가지 노래를 소개하기로 한다.

첫째는 마리아의 찬가(눅1:46-55) : 마그니피카트(Magnificat). 마리아의 찬가란 예수님의 어머니와 세례 요한의 어머니가 둘 다 임신했을 때 서로 만나 주님을 찬양하면서 부른 노래이다.

둘째, 사가랴의 노래(눅1:68-79) : 베네딕투스(Benedictus). 이것은 사가랴가 하나님으로부터 아들을 준다는 기도응답을 들었을 때 부른 노래이다.

셋째, 시므온의 노래(눅2:29-35) : 눅디미티스(NuncDimitis). 이것은 시므온이 죽기 전에 그리스도를 보겠다는 약속이 이행되었을 때에 부른 노래를 말한다. 그 밖에도 다음과 같은 노래들을 우리는 발견할 수 있다. 예를 들면, 행 16:24-25에서 박해를 당하면서 압박과 설움 속에서 부른 찬송이 있고, 또 엡 5:14와 딤전 3:16과 딤후 2:11-13 등에서 그리스도를 찬양한 증거가 있다. 그 외에도 요한계시록에서 하나님 아버지와 그의 어린양을 찬양하는 노래가 지금까지 전해지고 있다.

코랄(Chorale)이라는 용어의 유래

코랄(Chorale)이란 합창을 뜻하는 라틴어 코루스(chorus)의 형용사형 코랄리스(choralis)에서 유래한 말이다. 독일어화 된 코랄(choral)은 16세기 중엽부터 등장한다. 중세에는 그레고리오성가로 대표되는 로마교회의 여러 가지 단선율 성가의 총칭으로 쓰였으나, 종교개혁 후 독일과 북유럽에서는 신도들이 자기 나라 말로 부르는 종교적 유절(有節) 가곡(歌曲) 및 그 가사를 뜻하게 되었다. 다만 M. 루터나 J. 칼빈은 아직 이 명칭을 쓰지 않았으며, 그런 의미에서 이 말의 정착은 16세기 말에 이루어졌다. 또한 코랄에 바탕을 둔 합창곡과 오르간곡 등의 총칭인 코랄 편곡도 이미 17-8세기 경부터 단순히 코랄이라고 하게 되었다.

좁은 뜻의 코랄 즉 루터파 프로테스탄트 교회에서의 독일어 찬송가는 신도들을 예배에 적극적으로 참가시키려는 루터의 의도에 따라 1523년부터 정비되었다.

J.발터, G라우 등의 협력을 얻은 루터와 그 파는 이듬해인 1924년부터 독일 각지에서 많은 코랄집을 출판하였다. 오늘날 독일에서도 각 교구가 『복음교회 찬송가집』을 제정하고 있다.

코랄에는 여러 가지 형식이 있다. 예를 들면 〈오셨도다, 이교도의 구세주〉처럼 로마 가톨릭 교회의 힘누스(hymnus: 찬가)나 세퀸티아(sequentina: 연결반복가)의 라틴어 가사를 독일어로 번역한 것도 있고, 전례가(典禮歌)의 독일어 가사에 새로운 선율을 붙인 〈그리스도는 죽음의 굴레에 얽매였도다〉처럼 기존 독일어 종교가의 개작 등도 있다. 그러나 특히 루터파의 코랄의 면목을 뚜렷이 나타내는 것은 세속 가곡의 가사를 종교시로 바꾸는 콘트라팍툼(kontrafactum) 수법에 의한 것으로, 예를 들면 J.S바하의 〈마태수난곡(1729년)〉에서 중요한 역할을 하는 수난 코랄 〈피흐르는 주님의 머리〉는 H.하슬러의 사랑의 노래 〈내 마음은 괴로워 한다〉를 개작한 것이다.

코랄은 이미 초기시대부터 폴리포니(polyphony) 편곡 형식을 취해 출판되는 경우가 많았으나, 당시의 양식을 반영하여 주 선율은 주로 테너성부에 두었다. 코랄의 주 선율이 최상 성부에 두어져 오늘날 코랄식이라고 불리는 호모포니(homophony)의 사성체(四聲體) 양식을 확립한 것은 L.오시안더 코랄집(1586

년)이 처음이다.

보통 독일 프로테스탄트 교회의 찬송가를 가리키는 용어로써 쓰이고 있다. 프로테스탄트 Chorale의 중요성은 그것이 수많은 칸타타나 오르간 Chorale의 기초로 독일 바로크 음악의 중심적 역할을 다 했다는데 있다.

영어로 chorale이라는 스펠링이 완전히 정착된 것은 아니나 합창을 뜻하는 Chorale과는 구별하여 사용하고 있다. 독일인은 다른 국민보다 훨씬 일찍 찬송가를 자기 나라 말로 부르기 시작했다. 그와 같은 오랜 전통은 종교 개혁자 마르틴 루터 밑에서 전성기를 맞았다. 그 자신이 유능한 음악가이기도 했던 루터는 Chorale을 종교개혁 운동의 기둥으로 보았고, 그 목적에 합당한 가사와 선율을 만들어냄에 있어 아주 적극적이었다.

Chorale을 창작한 작곡가들로는 크뤼거, 쇼프, 에빌링, 바하에 이르러 대성을 본 독일 프로테스탄트 음악의 영광은 코랄 없이는 생각할 수도 없다.

Chorale & Chorale Motet

　회중 찬송에 대한 루터교의 양식은 향후 합창음악의 장래에 중요한 역할을 했다. 우리가 아는바 대로, 루터는 〈Ein'fest Burg(내 주는 강한 성이요)〉를 포함하여, 스스로 많은 곡을 작곡했으며 다른 곡들은 라틴어의 종교적 노래를 변형한 것이다.

　개중에는 적절한 종교적 감정 표현을 위해 개사하거나 세속적 노래를 개작, 모방한 것들도 있다. 예를 들면, 이자크에 나오는 "Innsbruck, I must now leave thee"라는 가사가 "O world, I must now leave tyee"로 바뀌었으며, 루터식 레퍼토아에서 가장 잘 알려진 가사 중 하나이다. 이러한 종류의 성가는 Chorale(코랄)이라 불리게 되었다. 길이는 대개 12-16마디였다. 몇 개의 4절 가사로 이루어진 코랄은 처음에는 회중에 의해 멜로디로 불려졌다. 그러나 곧 여러 다른 연주방법이 채택되었고, 좀더 정교한 코랄 작품이 만들어졌다.

일반적으로, 멜로디가 최고 성부에 주어지면서 완전히 화음이 이루어지는 4개의 성부로 이루어진다. 이 형식에서는 연속적인 가사들이 찬양대는 파트별로, 회중은 유니존(Unison:제창)으로 번갈아 가면서 불렀으며, 1600년 경까지는 Organ이나 다른 기악 반주가 대개 동원되었다. 찬양대에 의한 개별적 사용에 의해서 코랄 멜로디는 때로는 자유롭게 작곡된 부분과 선율적 세련화, 그리고 모방적 대위 작법이 혼합되어 있는 모테트식의 작곡에 정선율로 사용되기도 했다.

이러한 코랄 코테트는 새로이 17세기 루터 교회 음악에 중요한 요소가 되었고, 18세기의 풍요한 문예를 이루는 데에도 기여하였다. 바하 음악에서 그 절정에 이른다.

코랄의 개혁과 연구

19세기 초기에 일어나기 시작한 복음주의 정신은 회중 찬송의 부흥을 가져온다. 찬송 부르기의 중요성과 효과를 다시 인식하게 되었고 회중 찬송의 위치를 회복시켜 주려는 개혁과 연구가 일어나기 시작하였다.

오랫동안 잊혀졌던 옛 찬송들이 새 찬송가에 실리기 시작했으며, 수정되고 변형된 찬송의 원형을 되찾으려는 노력이 계속되었다.

박커나겔(Phillip Wavckernagel: 1800-1877), 코흐(Edward Koch: 1809-1871), 잔(Johannes Zahn: 1817-1895)과 같은 이들의 학문적인 연구 결과로 루터교의 전통적 음악에 대한 지식이 쌓이게 되었다. 그러나 실제적으로 회중 찬송의 개혁에는 별 영향을 주지 못했다.

복음주의 정신의 영향을 받아서 선교 찬송들이 생겨나 1852년에 독일 아인제나하(Einsenach)에서 열린 회의에서는 독일 루터교 교회를 위한 공동 찬송가를 만들기로 하였는데, 그 결과 150편을 모아 소위 『아이제나하 찬송가』(Einsenach coralbuch)로 출판하였다. 이 찬송가는 계속해서 약 백 년 동안 거듭 출판되어 사용하였다.

코랄의 초기 형태

코랄의 초기 형태에 다음과 같은 세 가지 특징을 들 수 있다.

첫째, 초기 루터교 코랄의 구조적 특징은 바폼(Barform: 마디 형식)과 에이에이비(AAB: 소절 형식)가 사용되는 것이다.

① 소절 형식의 가장 간단한 형태 : ∥ : a-b : ∥ c-a-b.

② 연속 소절 형식(Serial barform)의 형태 : ∥ : a-b : ∥ c-d-e.

③ 반복 연속 소절 형식(Repetition-Serial barform)의 형태 : ∥ : a-b : ∥ c-d-a-b.

둘째, 초기 루터교 코랄의 음악적 특징으로 리듬의 생동력(Rhythmic Vitality)을 들 수 있다. 같은 길이의 음표로 되어 있는 코랄(Isometric Chorale)은 17세기 중엽에 나타난 것인데, 그 예로써 루터의 찬송곡조 〈Ein' Feste Burg: 내 주는 강한 성이요〉의 리듬을 들 수 있다.

셋째, 초기 루터교 코랄의 리듬적 특징을 들 수 있다. 신앙의 찬송(Hymns of Fiath)은 각 프레이즈(Phrase)가 짧은 음표로 시작되고, 명상의 찬송(Hymns of Meditation)이나 기도의 찬송(Hymns of Prayer)은 긴 음표로 시작되는 것이다.

무엇보다, 루터의 가장 중요한 음악적 공헌은 코랄 제작에 있어서 독창적으로 Ionian Mode와 Hyponian Mode를 사용하였다는 것이다.

루터가 교회음악에 끼친 영향

루터가 후세의 교회음악에 끼친 영향을 크게 다음과 같이 열거할 수 있다.

1. 자작 찬송의 활성화.
2. 자국어 찬송의 확립. (찬송가의 토착화)
3. 회중 찬송의 창시자로 새로운 기틀 다짐
4. 찬양대 음악의 보급, 장려.
5. 찬송을 통한 하나님 말씀전파.
6. 찬송을 학교음악의 교과과정에 넣음으로써 교회음악이 학교에서 행해질 수 있는 교두보 구축.
7. 예배음악 발전.

1) 루터의 찬송관

1. 찬송은 오로지 하나님께만 드려져야 한다. 즉 하나님 이외의 그 어떤 것도 찬송하지 말라.
2. 찬송은 하나님의 것으로써, 하나님이 인간에게 주신 놀라운 선물이므로 제사로 드려져야 한다.
3. 찬송은 기쁨으로 불러야 한다.
4. 젊은이들을 위한 찬송은 합창으로 불러야 좋다.

Protestant Chorale은 루터가 남긴 불후의 공적이었다.

1524년 Johann Walter의 도움으로 『Wittenberg 성가집』의 출판으로 프로테스탄트 교회음악은 탄생되어 진다.

2) 루터의 음악사상

1. 학교 교과과정에 음악이 필수과목으로 되어야 한다. 음악교육을 철저하게 시킬 것을 강조.
2. 음악(노래)의 능력을 목사 안수를 받는 하나의 자격으로 두어야 한다.
3. '도덕적 이유 때문에 정교한 음악을 조심해야 한다'는 생각을

무시함. 아름다운 음악은 오히려 신앙을 깊이 있게 함.
4. 교회음악의 훌륭함을 열렬히 언급.
5. 회중 음악의 중요성을 강조하고 발전시킴.
6. Organist, 찬양대의 역할 중요성을 언급하였고 회중 음악을 더욱 강조함.
7. 교회 음악가들은 적합하고 확실한 수입을 받을 권리가 있다.

3) Calvinist Psalm과의 비교

루터교회와는 상당히 별개의 것으로 존 칼빈의 영향 아래에 처음에는 제네바와 스위스의 다른 지역들에서, 그 후에는 프랑스와 북부유럽의 지역들에서 일어났던 발전들이 있다. 칼빈의 개혁 추종자들은 로마 가톨릭 예배의식과 신학을 루터교회 신자들보다 더욱 반대하였고, 비 성경적 가사를 노래하는 것도 거부하였다. 그래서, 복음서의 시편은 칼빈주의 예배형식의 중심적 위치를 차지한다. 그들은 시편에 대한 운율조에 프랑스어 역을 마련했고, 세속적인 곡조에서 개작, 회중들에 의해 무반주 Unison으로 불려졌다.

구디멜(C, Goudimel; 1505-1572)의 공헌은 이러한 맥락에서 특히 중요하다. 그러나 가정 예배시에는 좀 더 정교한 형태의 찬송가가 허용되었다. 이때에는 화성적 작법 또는 루터교 모테트와 유사한 형태의 대위법적 양식으로 편곡한 셋 또는 그 이상의 반주부가 첨가되었다. 예컨대 르 죄느(Claude Le Jeune)의 시편 35편과 구디멜의 시편 23편 등을 들 수 있다. 칼빈주의자들은 교회 안에서의 정교한 음악적 장치들에 대해 거부감을 가지고 보았기 때문에 루터 교회의 chorale에서 잘 사용되었던 정교함이 필요치 않았다. 대부분의 것들이 보다 간소한 형태의 찬송가집으로 남아 있다.

가스펠송에 대한 두 견해

요즘 Gospel Song이 많이 보급되면서 이곳 저곳에서 Gospel Song에 대한 논쟁이 야기되는 사태가 발생하고 있다.

찬성론을 펴고 있는 측에서는, 대체로 다음과 같은 이유를 들고 있다.
1) 가사가 신앙적 체험 중심으로 되어 있고,
2) 쉽게 배울 수 있고,
3) 리듬이 현대인에게 맞고,
4) 긴장하지 않고 쉽게 받아들이고 들을 수 있다.

한편 반대론을 펴는 측에서는, 복음성가가 대학생과 청소년 심지어 대예배와 어린이 집회 때에도 불리는 것은 "통탄할 일"이라고 맹렬히 반대하는데, 그 이유를 종합해 보면 대체로 다음과 같다.

1) 찬송가는 어디까지나 성경적이어야 하며,
2) 경건해야 하고,
3) 정서적이어야 한다.

특히 "한번 복음성가를 부르면 맛들이기 시작해 찬송가는 아예 부르려 하지 않고, 더구나 기타 반주에 재즈를 가미하고 손유희까지 곁들일 기세니…"라고 비난하고 있다.

가히 Gospel Song의 선구자라 할 수 있는 SanKey는 자신의 저술에서 이렇게 말하고 있다.

"스코틀랜드에서는 많은 사람들이 공적 예배 시 이 복음가를 반대했다. 그래서 이 문제는 상당히 심각했고 나중에는 Gospel Song을 부르는 문제에 까지 논의가 대두 되었다.

그러나 나는 기도하는 마음으로 불렀는데 사람들이 여기에 매혹되었다. 그러나 Barclay Free Church에서는 Organ 사용까지도 금했기에 우리도 Gospel Song을 부르지 않기로 했다."

이것을 보면 Gospel Song이 성행했던 당시에도 대단한 문제가 있었음을 보여주는 한 예가 된다. 작금에 이르러 어떤 목사는 "어떠한 이유에서도 Gospel Song은 교회에서 추방되어야 한다"고 못 박고 심지어 이단이라 몰아 붙이는 지경까지 이르고 있는 실정이다. 과연 Gospel Song은 절대로 부르지 않아야 하는가. 예배 때에는 절대로 부르지 말아야 할 것인가? 정말 Gospel Song은 경건한 예배 분위기를 흐리고 존엄하고 지존하신 하나님의 신격에 도전하고 있는 타락된 천사(마귀)의 장난기 어린 음악인가?

예배에 있어서 가스펠송 사용에 관한 찬반론

찬성하는 측의 의견: 우리의 젊은이와 교회에 불길처럼 번져가는 이유를 다음과 같이 분석해 볼 수 있다.

1) 가사 : 오랫 동안 들어온 미사 통상문과는 달리 신앙의 체험에 의해 쓰여진 가사이다. 우리 주위에서 일어날 수 있는 일들이 쉽게 가사로 만들어졌다.

2) 음악 : 쉽게 배울 수 있는 곡이다. 리듬이 현대인에게 맞는다. Melody가 쉽고 친근감을 준다. 화성이 현대적이면서 쉽다. 긴장하지 않고 들을 수 있다.

반대하는 측의 의견: 이 부류의 사람들은 Gospel Song 자체의 존재 가치를 부인하는 것이 아니라, 예배 시에 사용하는 것을 반대한다. 그들에 의하면 찬송가와 Gospel Song은 구별되어야 한다는 것이다. 찬송가는 성경적, 경건성, 정서적인데 반하여, Gospel Song은 경건하지 못하며 선동적이기까지 하다는 것이다.

또한 창법에 있어 팝송과 다를 바 없어 마치 유행가나 대중가요를 듣는 듯하다고 주장한다. 따라서 부흥회나 집회 때 부르는 것은 상관 없으나 예배찬송의 주가 될 수 없다. 이런 점에서 찬송가와 구별할 필요가 있다. 이들의 주장은 존재 자체를 부인하는 것이 아니라 때와 장소를 가리자는 것이다.

Christian Contemporary Music(CCM)

 Christian Contemporary Music(CCM으로 약칭)은 무엇보다도 미국 대중 문화가 보여주는 다양한 현상의 일부분이다. CCM의 세 단어 중 '기독교적'이라는 말과 '현대적'이라는 말의 의미를 분명히 하는 것이 좋을 것 같다.

 첫째, '기독교적'이란 단어는 가사의 내용에만 적용된다. CCM 음악 스타일 자체는 기독교적도 아니요 비기독교적도 아니다. 그저 음악일 뿐이다. 그러나 CCM 음악인들은 그리스도인 일수도 있고 아닐 수도 있다. 이런 이유 때문에 CCM 음악인들 사이에서는, 스튜디오에서 연주하던 사람들은 그들의 신앙이나 생활 방식과 무관하게 채용하는 것이 보편화되어 있다. 이러한 전제 하에서 볼 때, 분명 CCM의 전반적인 의도는 가사의 내용과 음악인들의 기능 모두에서 기독교적이어야 한다.

둘째, '현대적'이란 용어는 단순히 '시대와 더불어 함께' 또는 '당대'를 의미한다. 이런 의미에서 이 용어는 CCM이 '더불어 함께' 하는 현대대중음악 스타일을 정확하게 나타내 보여 준다.

'현대적'이라는 말과 '새로운'이라는 말은 같은 것이 아니다. '새로운'은 특히 음악과 예술세계에서 작은 모험이 아닌 실험을 요구하는 건축의 첫 삽을 뜨는 쇄신을 암시한다.

CCM은 기존에 이미 음악적으로 행해지고 있는 것들과 병행한다는 의미에서 '현대적'이며 동시에 음악적으로는 보수적이다. 이렇게 볼 때 CCM 현상은 '새로운 것'이라기 보다는 '선호되는 것'이다.

예 배

　모든 종교마다 예배행위가 있는데 다른 어떤 종교보다도 기독교는 예배의 종교라고 한다. 하나님께서는 당신의 백성들로 하여금 예배케 하고 예배를 통해 영광 받으시며, 예배하는 자들에게 은혜와 축복을 내려 주시는 것이다. 예수님께서 사마리아 지역의 수가라 동네에서 사마리아 여자에게 "여자여, 내 말을 믿으라. 이 산에서도 말고 예루살렘에서도 말고 너희가 아버지께 예배할 때가 이르리라. 너희는 알지 못하는 것을 예배하고 우리는 아는 것을 예배하노니 이는 구원이 유대인에게서 남이니라. 아버지께 참으로 예배하는 자들은 신령과 진정으로 예배하는 자들을 찾으시니라"고 예배를 말씀했다.

　우리말로 '예배'에 해당하는 'Worship'은 본래 'Weorthscipe'에서 유래했다. 'Worth'에 추상명사를 만드는 접미어 'Ship'이 복합되어 만들어진 복합명사로서 '가치를 돌린다'는 의미이다. 특히 'Worship'의 본래적 의미인 Worth-Ship은 '값 있는 대상에 대한 숭배 또는 찬양의 의미를 지닌말'로 하나님의 존귀함에 대한 인간의 겸손한 인식과 찬양의 행위라는 의미를 갖는다. 구약에서는 '머리 숙인다(to bow self down)'는 의미로 예배행위를 표현했으며, 신약에서는 '손에 입 맞추다(to kiss the hand toward)'는 의미로 요한계시록에는 20여회나 사용되고 있다.

예배에 있어서 음악의 위치

"내가 너희 절기들을 미워하여 멸시하며 너희 성회들을 기뻐하지 아니하나니 너희가 내게 번제나 소제를 드릴지라도 내가 받지 아니할 것이요 너희의 살진 희생의 화목제도 내가 돌아보지 아니하리라 네 노랫소리를 내 앞에서 그칠지어다 네 비파 소리도 내가 듣지 아니하리라"(암 5:21-23)

여기에서 보여주듯이, 찬송은 음악적으로 부르는 것이 아니라 성령의 힘을 입어 불러야 하며, 아무리 목소리가 영광스럽다고 하더라도 듣는 사람이 냉랭하다면 진정한 가치가 없다는 것을 의미한다.

그럼에도 기억해야 할 것은 찬송은 지으셨으며 부르는 것을 사명으로 한다(이사야 43:21). 세상의 노래는 부르기도 하지만 들음으로써 감상의 의미가 크다. 그러나 찬송은 부름으로써 큰 의의가 있다.

Donald P. Hustad는 "몸과 마음으로 드리는 산 제사란 곧 하나님께로 보내는 노래와 멜로디를 짓는 것"이라고 했다.

예배는 궁극적으로 복종한다는 것인데 말과 함께 무릎을 꿇는 것이다. 그 때에 하는 말로는 "주여, 나를 보내주소서"가 가장 적절하다.

교회 예배에 있어 음악의 위치는 결코 장식품이 아니다. 때문에 교회 음악에서 찬양대는 "음악의 수준을 높이는 것"에 그 목적이 설정되어 있지는 않다. 그 목적은 예배자를 하나님께 가까이 가도록 하며, 예배자가 하나님에 대하여 보다 깊고, 보다 훌륭한 개념을 갖게 하며 최선을 다해서 그의 생을 바치도록 하는 것이다.

우리는 교회 예배에서 음악의 일차적인 기능을 이렇게 정리할 수 있다.

① 회중을 예배행위로 이끌어 가는 기능
② 회중을 영적인 사색으로 들어가게 하는 기능
③ 회중에게 결단을 촉구하게 하는 기능

예배의 교회적 용어

① 예배(Cult) : 이 말의 어원은 라틴어에서 왔으며 '어떤 것을 숭배한다'는 의미이지만 이교적 배경에서 온 주술적 요소가 내포되어 있다. 그러나 이것을 기독교에서 사용하게 됨으로 인해 가톨릭 교회에서는 이것을 외형적 예배의식을 가리키는데 사용하였다.

그 후 현대까지도 종교의 형식적인면에서 많이 사용되었다. 그리고 위인 숭배에 대해 사용하기도 하였다. 예를 들면 '괴에테 컬트' 같은 것이 그것이다.

② 봉사(Service) : 기도는 예배의 요소이다. 중요한 예배의 부

분이며 성화의 요소이다. 따라서 감사, 찬송을 포함한 넓은 의미의 기도를 생각한다면 기도를 가지고 예배 전체를 말한다는 것 또한 타당하다. 이런 예를 우리는 창세기 4:26, 이사야 5:7, 사도행전 16:13 등에서 볼 수 있다.

교회력

Carl Halter는 의식적인 예배에 대해 "여러 가지 순서가 포함된 것을 예배자로 하여금 그가 선천적으로 죄 된 상태에 있는 것을 깨닫게 하고, 그리스도 안에서 하나님께서 그냥 주시는 은혜의 기쁜소식을 그가 듣게 하며, 예배자 하나 하나가 성만찬을 통해 은혜를 받도록 계획된 것"이라 말했다.

의식서는 교회력에 의한 것이다.

교회력

▶대강절 : 성탄 주일 전 4주간, 그리스도가 탄생할 것을 알리는 예언과 사건들을 강조.

- ▶성탄절 : 성탄절 전 주일.
- ▶성탄절기 : 성탄절 두 주일.
- ▶현현일 : 성탄 후 셋째 주일. 1월 6일 경 동방박사의 방문을 기념하는 날.
- ▶현현일 후의 주일들 : 그리스도의 초기생활을 다룸.
- ▶사순절 전의 세 주일들 : 그리스도의 죽음에 대한 예언을 다룸.
- ▶사순절 : Ash Wednesday(사순절이 시작되는 날 - 수요일)에서 고난 주간에 이르기까지의 사건들을 다룸.
- ▶고난주간 : 부활주일 전 일 주간.
- ▶부활주일 : 그리스도의 부활을 축하하는 주일.
- ▶부활절 : 부활주일 후의 주일들, 지상에서 행하신 그리스도의 마지막 사건들을 다룸.
- ▶승천 : 부활주일 후의 여섯 번째 주일.
- ▶성령강림주일 : 승천 후 두 주일, 오순절을 축하하는 주일.
- ▶삼위일체주일 : 성령강림주일 다음의 주일.
- ▶삼위일체주일 다음의 주일들 : 그리스도의 생의 일반적인 사건들을 다룸.
- ▶다른 주일들 : 감사주일, 성도주일, 변형 주일 등이 있음.

신앙의 눈으로 음악을 보자

　교회 음악인들은 음악을 하나님의 은총의 매개물로 삼아야 한다는 책임을 느껴야 한다. 그들은 사랑, 겸손, 종의 직분, 온유, 승리, 훌륭한 모범을 보여주는 그리스도의 사자로써 음악을 은혜롭게 만들어야 한다. 음악은 그리스도 예수 안에서 충만하게 넘쳐 흐르는 하나님의 은총에 직접 응답하는 예배 행위이기 때문이다.

　……I will sing with the spirit
　and I will also sing with the understanding.

"내가 영으로 찬송하고 또 마음으로 찬송하리라"(고전 14:15)

이 구절은 은사 가운데 음악의 은사가 있음을 기록하는 부분이다. 성경은 이렇게 받은 은사를 하나님 영광을 위해 사용하도록 방향을 제시하고 있다. 그러므로 우리는 성령께서 주시는 지혜(기능)와 영감(성령)을 가지고 '찬미'해야 한다.

음악은 우연히 생기는 것이 아니다. 음악은 힘들여 이루어가는 것이다. 때로는 그 작업이 자연스럽게 이루어지기도 하지만 힘들게 일해야 하고 많은 시간을 소모해야 한다. 한글 성경에는 '마음으로 찬미'라고 표기된 부분이 영어 성경에서는 'sing with the understanding'으로 되어 있다.

참고로 이 말의 뉘앙스를 분명히 하기 위하여 비슷한 용어들을 정리해 두고자 한다. 'understand'는 주로 지적 이해를 표현할 때에 사용되는데 현상과 사실의 인식 등이 그것이다. 끝으로 'appreciate'는 표현상으로는 보이지 않는 가치와 실체 따위를 이해하거나 인식할 때에 쓰인다.

연약하고 부족하여도 우리모두 마지막 시대의 찬송의 주역들이 되도록 하자.

예배의 음악행위

음악은 예배에서 무슨 '작용'을 할 수 있을까? 예배중인 그리스도인은 음악에 의지해서 반응하기를 기다리기보다는(능동적으로) 행동하고 음악으로 봉헌할 책임이 있다. 이 개념은 비단 음악연주 자체 뿐 아니라 연주로 이어지는 모든 행동 즉, 선곡, 연습, 개편, 교정 등과 관련이 있다. 그리고 예배 사제가 교회출석에만 국한된 것이 아닌 것과 마찬가지로 음악 또한 교회출석에만 국한되어 있지 않다.

"내가 살아 있는 동안 내 하나님을 찬양하리로다"(시 104:33)

이 말씀대로 하나님은 봉헌 가운데 거하시며 그 위에 군림하신다. 이는 음악을 듣는 일에도 그대로 적용된다. 음악을 듣는 사람들도 봉헌에 협력하는 자들이다. 연주자는 연주를 봉헌하고, 청중은 그것을 들음으로써 봉헌한다. 모든 예배하는 자는 예배 드리는 일을 하고 있는 것이다. 이렇게 주일아침 오르간 연주자는 전주곡을 봉헌한다. 회중석의 성도들은 예배가 시작되어 자기 몫을 시작하기 전에 오르간 소리가 크든지 작든지, 친숙하든지 생소하든지, 싫든지 좋든지 자신이 듣고 있는 음악을 봉헌한다.

음악은 메시아가 아니며 성령도 아니고 수단과 목적도 아니다. 하나님만이 수단이고 목적이시다. 우리의 의무는 믿음 있는 행동으로 어느 때나 어느 장소에서나 계속해서 예배드리는 것이다.

그러므로 우리는 호흡자체가 찬송이 되어야 한다.

▶성경은 노래와 춤과 악기와 더불어 여호와께 경배하라 하였다.
▶진정한 예배는 예배의 모든 행위와 예배의 모든 부분으로 구성되어 있으며 부분의 합보다 큰 전체로 되어 있다.
▶모든 참된 예배행위는 다른 예배행위와 연계되어 있고 예배를 촉진시킨다.
▶음악에 감동하는 것은 하나님을 예배하는데 부수적인 일이

다.
▶음악은 선물이기 이전에 선물을 주는 것이며 예배행위에 포함된 것이 아니라 예배행위를 포함하는 예배인 것이다.

신앙과 음악행위

신성한 예배는 믿음 없이는 불가능하다. 넘어져도 다시 일어날 수 있는 힘, 그것이 믿음이다. 믿음은 하나님의 모든 말씀과 모든 행위를 믿는 것이며 절대적으로 신뢰하는 것이기 때문에, 유일한 하나님이 아닌 다른 사람이나 사물을 궁극적인 존재로 만드는 것은 잘못된 신앙이다.

다른 인간에 대해 믿음을 갖거나 출렁다리가 안전하다고 믿는 것은 부차적인 믿음이다. 이 부차적 믿음이 일상생활에서는 필요하지만 그것으로 으뜸 되는 신앙을 대치한다면 잘못이다. 그리스도인은 부차적인 믿음을 으뜸의 자리에 앉히거나 신앙과 행위를 전도시키지 않고 온전히 믿음 가운데 있는지 살펴보라는 교훈을 받고 있다.

"너희는 믿음 안에 있는가 너희 자신을 시험하고 너희 자신을 확증하라"(고후 13: 5)

이러한 점에서 음악은 수도배관, 비행기 조종, 양육, 쓰레기 수거보다 더 중요하지도 덜 중요하지도 않다. 훌륭하고 아름답고 박력 있는, 바하의 〈B단조 미사〉도 하나님 앞에서는 쓰레기 수거나 마찬가지로 구원을 가져다 줄 능력이라고는 조금도 가지고 있지 않다. 음악가보다는 청소부가 사회적으로 더 필요하다는데 동의하는 사람도 있겠지만, 쓰레기 수거가 바하의 음악을 노래하는 것보다 인간을 하나님께로 더 가까이 인도하는 것은 아니다.

이런 점에서 기독 음악인들은 특히 조심해야 한다. 우리는 음악이 연주되지 않을 때보다는 연주되고 있을 때 하나님이 더 임재 한다는, 음악이 없을 때 보다는 음악이 있을 때 예배가 더 가능하다는, 하나님은 임재하시기 전에 음악을 필요로 한다는 인상을 줄 수 있다.

신앙은 다른 모든 행위 및 봉헌과 함께 음악을 가장 적절한 자리에 있게 한다. 따라서 음악은 선물이기 이전에 선물을 주는 것이며, 예배행위에 포함된 것이 아니라 예배행위를 포함하는 예배라는 것이다. 신앙은 신앙으로만 통한다. 우리는 신앙으로 우리의 음악을 신앙 증가에 바치는 것이다.

지혜로운 사람은 하나님의 선물보다 선물을 주시는 하나님의 사랑을 보게 된다. 선물의 가치보다 주시는 분의 선하신 뜻을 더 깊이 생각하고 모든 선물보다 사랑하는 하나님을 더 귀하게 영광드리도록 하자.

음악의 질에 관련된 문제들

불행히도 우리는 기능과 가치를 혼동시키는 전적으로 인위적인 기준 체계를 어느 정도 마련해 놓고 있는데, 이는 참으로 심각한 문제로서 많은 오해를 유발하고 있다.

> "훌륭한 대중음악이 나쁜 교향곡 보다 소위 '영원 불멸' 할 가능성이 더 높다고 하는 …… 이 사실에 우리가 좀 더 주목할 수 있다면 얼마나 좋겠는가?"
> —로저 세션스

1) 음악의 질과 하나님의 역사는 별개이다

사실 하나님은 수준 미달의 질에서 탁월한 질에 이르기까지

광범위한 범주에 걸쳐 역사 하신다. 하나님이 무엇 때문에 수준 미달의 것을 통해서도 역사 하시는가에 대해 의문을 가지기 보다는, 하나님은 탁월한 것을 좋아하시되 '영적인 고결성'까지 희생 할 정도로 좋아하시지는 않는다고 생각해야 한다. 이 '영적인 고결성'은 우리가 어떤 음악을 만드느냐가 아니라 왜 음악을 만드느냐에 관련되어 있다. 우리가 질적인 것을 추구한다 해서 그 자체로서 하나님을 만족시킬 수는 없다.

동시에 고의적으로 높은 수준을 도외시해서도 안 되고 효과적이란 이유로 수준 미달의 것에 안주해서도 안 된다. 음악적 가치를 성령이 도와준다는 등의 미명하에 타협되어서는 안 되며, 좋은 음악의 질은 고결성과 진정성으로부터 직접 우러 나와야 하며 스스로의 권위를 갖는다.

믿음으로 하나님의 뜻을 구하며 하나님 말씀에 귀 기울이는 습관이 필요하다 할 수 있다.

2) 음악의 질과 적절성 사이에는 차이가 있다

어떤 사람이 정말로 베토벤을 좋아하지 않는다거나, 같은 이유로 고전음악을 좋아하지 않는다고 해서 그의 취향이 반드시 빈약하다 할 수 없다. 다시 말해서 우리의 현 문화에 서양의 고전음악만이 지배적이어야 제대로 된 것이라는 생각은 전적으로 잘못된 것이다.

로마서 7장을 유추하여 상기해 보자. 사도 바울은 로마서에서 율법에 관한 이야기를 하면서, 율법은 죄로부터 벗어나는 방법을 제시하지는 않고 단지 죄에 대해 짓기만을 가져다 준다고 말한다. (롬 7:17 이하)

로마서 7:10-13을 번안하자면, 미적인 삶을 초래해야 마땅한 미의 법칙이 오히려 거꾸로 삶을 빼앗아 버리고 있는 것이다. 위대한 음악은 모든 사람을 위한 것이지 소수 정예를 위한 것이 아님은, 마치 복음이 모든 사람을 위한 것이지 의로운 사람만을 위한 것이 아님과 같다.

"흠이 없는 것이 아니라 그저 약간 더 진보했을 뿐!"

은혜 안에 있으면 감동이요, 은혜밖에 있으면 궁휼인 하나님의 시각으로 음악을 대하라.

3) 생산과 내용은 별개의 미학적인 문제이다

무용이나 드라마나 음악 같은 공연예술은 공연이 끝날 때까지는 완성된 것이 아니다. 바로 이 점이 다른 예술과 다르다. 훌륭한 연주와 훌륭한 음악을 연주하는 것 사이에는 차이가 있다. 생산에 대한 지나친 강조는 기술 장비의 의존으로 재주 없는 연주자들을 은폐시키고 실제 실력보다 부풀려 보이게 하고 조작되어지기도 한다. 그들에게 '생생한' 진정성과 고결성의 개념이 없다.

이와 같은 전자 악기라는 소위 '약물'의 남용은 미학적으로 사기일 뿐 아니라 비윤리적이다. 그리스도인의 공동체에서 이와 같은 환상 음악에 병들게 되면 설교에서 공동예배와 간증에 이르기까지 모든 것이 병들게 된다. 즉시성의 신학을 탁월성과 섬김의 신학보다 우선하는 사람들은 많은 사람들에게 뿌리치기 힘든 유혹이며 당혹감마저 준다. 우리가 경계할 점은, 기법과 생산이 훌륭하다 해서 내용을 좋든 나쁘든 무시하는 것이다.

기법이나 과학 기술과 같은 수단이 목적이 되면, 또다시 우리는 일을 거꾸로 하는 셈이 되는 것이다.

잘못된 포만감보다는 자기 비움의 허함이 나음을 깨닫는다면 해결될 일이다.

4) 음악의 깊이와 음악의 질에 대하여

지적으로 심오한 음악이 있다. 거의 예외없이 고전 음악이 이에 속한다. 그런데 이에 우리가 조심해야 할 함정이 몇 가지 있다.

① 어떤 고전음악들은 의식적인 지성 편중성이 없으면서도 심오하다.

② 무미건조하고 학문적으로 음악을 위한 음악이며 아무 표

현을 못하다.

③ 대중음악, 민속음악, 재즈가 단순하고 비교적 세련되지 못했다 하더라도 상당히 심오할 수 있다.

해결책은 음악이 다소 지성적인 면에 차이가 있더라도 궁극적으로 강한 표현력을 지녀야 한다. 궁극적인 '메시지' 전달이 주가 되어야 한다.

5) Tempo 결정에서 고려할 것들

르네상스와 바로크 음악에는 대개 Allegro, Andante 등과 같은 템포 표시가 없다. 전통에 따라 결정한다. 특히 메트로놈 기호는 19세기 초부터 쓰이기 시작하였다. 베토벤이 그의 친구 멜첼이 만든 박자기에 따라 그의 교향곡에 메트로놈 기호를 써서 템포를 명시한 것이 그 시효이다.

연주자의 기호와 느낌에 따라 템포는 달라지며 또한 시대의 흐름에 따라 변할 수 있다. 점점 빨라지는 경향을 느낀다. 템포를 정할 때, 제시되어 있더라도 그것을 토대로 자기의 템포를 정해야 한다. 성가곡에서 템포를 결정할 때 생각해야 할 가장 중요한 요소는 가사의 내용이다. 가사를 음미하며 지니고 있는 느낌을 템포로 나타내어야 한다. 템포 제시가 없을 때는 더더욱 가사 느낌에 따라 정해지는데 불러 보고 또 불러봐서 가사 분위기에 일치하는 자신의 템포를 찾는 일이 중요하다. 합창단의 기량도 템포 결정에 중요한 역할을 한다. 음악이 제시하고 있는 템포, 시의 의미, 지휘자의 기호, 합창단의 기량이 모두 일치하는 적절한 템포를 결정해야 한다.

Worship Service의 요소

Worship Service의 필수는 Prelude, Doxology, Hymns, Anthem, Special Song, Offertorium, Response, Postlude 등이다. 참고로 Praising Service는 저녁 찬양 예배를 의미하고, Revival Service는 결혼식이나 장례식 또는 철야예배 등을 지칭한다.

▶ Prelude : 준비 찬송 대신 사용하는 것이 좋으며 예배 시작 전 10-20분 동안 연주하는 것으로, 예배 준비를 위한 것이며 전자악기, Piano, Organ 등이 사용될 수 있다. 찬송가를 Arrange한 것부터 연주하기 시작하여, 전문적인 음악으로 발전시켜 교인들이 일찍 예배에 참여케 하는데 기여할 수 있다.

- ▶Doxology : 예를 들어 1장, 3장과 같은 찬송가로 〈성삼위께 찬양(Gloria patri)〉 송영은 완전히 독립적인 중요성을 띠며 공교회적인 입장에서 부른다.
- ▶Hymns : 회중 찬송. 개신교 정신에 가장 중요한 것이다. 왜냐하면 찬양대는 없어도 회중 찬송은 있다. 이 경우에 설교 전에는 절기에 해당된 곡과 성삼위 찬양곡이 중심이 된다. 설교 후에는 설교와 관련된 곡을 한다. 그리고 맨 끝에는 'Out go' 즉, 밖에 나가 전파하자라는 의미의 곡을 한다.
- ▶Anthem : 찬양대 찬양. 일반 회중에게는 좀 어려운 훈련된 합창단원이 부르게 만든 종교적 성격의 본격적인 합창곡이다. 원래 Acapella로 연주된다. 모든 예배의 찬양에 있어서 리더할 수 있는 찬양대원이 되어야 한다.
- ▶Special Song : 아주 잘 훈련된 연주자가 담당한다. 설교 한편의 효과만큼 큰 역할을 담당할 수 있다. 그런데 인력, 재정 문제에 부딪히게 된다.
- ▶Offertorium : 봉헌송.
- ▶Response : 응답송. 기도 후, 말씀 후, 축도 후에 한다. 꼭 찬양대로만 해야 되는 것은 아니다.
- ▶Postlude : 축도 후 해체 순간에 한다. Prelude 보다는 짧게 연주하되 힘차고 씩씩한 풍으로 한다.

왜 진리는 아름다움이 아니며 아름다움은 진리가 아닌가?

하나님의 피조물과 하나님의 진리를 어떤 방법으로든지 동일시하려는 것은 하나님의 인격과 창조를 동일시하려는 과오를 범하는 것과 다름없다. 진리와 아름다움을 하나로 묶는 것은 수없이 되풀이 되는 최근의 풍조이기도 하다. 그러나 진리는 아름다움이 아니며 아름다움은 진리가 아니다.

아름다움은 질(Quality)이며 이상화된 추상이다. 반면에 말씀의 진리는 추상이 아니며 질도 아니다. 진리는 실제적이며 계시되고, 스스로 타고나는 것이고, 즉각적으로 유용하며, 임박한 것이다. 그것은 명제적으로 표현되며 절대적이다. 따라서 모든 것이 어떤 방법으로든 종속되는 완전함이다.

아름다움에는 정도가 있을 수 있지만 진리는 그렇지 않다. 진리가 경우에는 토론이 있을 수 없으며 진리이신 한 인격 곧 그의 말씀으로 모든 것이 생기 있고 성경에 계시된 그 분이 있을 뿐이다.

하나님의 아름다움은 미학적 아름다움이 아니라 도덕적이고 윤리적인 아름다움이다. 그런데 창조의 아름다움은 도덕적 아름다움이 아니고 미학적, 인공적 아름다움이다.

이쯤에서 우리는 다음의 결론에 공감할 수 있을 것이다. 첫째, 미학적 아름다움에는 표현된 방법과 질이 있다. 둘째, 진리에는 말씀되어진 내용이 있다.

아름다움과 진리가 동일한 것이라면 추한 것과 비 진리도 동일할 것이다. 진리는 미학적인 미흡함을 초월할 수 있으나 미학적인 미흡함은 진리를 제거할 수 없다.

하나님이 만사를 훌륭하게 해내시기 때문에 우리도 훌륭히 해내야 한다. 우리는 진실되기 위해 노력하는 한편 진리를 아름답게 표현하려고 노력한다. 하나님이 하는 것과 마찬가지로 나도 일하려고 애씀으로써 하나님께 영광 돌린다. 그러는 동안 하나님은 자유롭게 아무데나 어느 곳에서나 어떤 방법으로든 일하신다.

우리의 임무는 하나님을 조종해서 좀 더 효과적으로 행동하게 하는 것이 아니라, 단순히 그렇게 하라고 명령 받았기 때문에 온 힘을 다하여 질을 추구하는 것이다. 그렇기 때문에 매우 효과적이라는 이유 때문에 수준미달의 것을 고의적으로 계속한다면 엄한 심판을 받게 될 것이다.

우리는 내버리는 문화 속에 살고 있다. 내버리는 예술가들은 문화를 어지럽히고 사람들의 감수성의 품격을 강제로 떨어뜨리며 무뎌지게 하는 반면, 미래의 가치만을 내다보는 자들은 현재 자기 주위에 있는 사람들에게 봉사하고 그들을 풍요롭게 하는 일의 중요성을 간과하고 있다. '즉시주의자들'은 효용성을 숭배하고 '미래주의자들'은 가치입증(vindication)을 숭배한다.

음악을 만드는 사람들, 특히 기독 음악인들에게 줄 교훈은 분명하다. '기도회에 적합한 것'이기 때문에 '억지로 짜내서는 안 되며, 그렇다고 '의사전달'을 위한 것이라 하여 질과 고결성을 파괴해서도 안 된다는 것이다. 별 볼일 없는 작품을 훌륭한 작품으로 만들어 달라는 요청에 성령이 계속해서 시달림 받지 않도록 해야 한다.

우리는 그리스도의 마음과 하나님 창조주 되심에 의거하여 모든 음악을 작곡하고 편곡하고 연주하고 노래해야 한다. '하나님께 달려있고 또 내게 달려있다'는 거룩한 두려움에 책임있게 반응하는 태도가 요구된다. 이것이 바로 좋은 청지기의 모습이다.

그리스도인의 음악 원칙

첫째, 노래 부르기는 선택사항이 아니라 명령이다.

"새 노래로 여호와께 노래할 지어다"(시 96:1)

이 명령은 전문 음악인에게만 해당하는 것이 아니라 어디에 있든지 누구에게나 해당한다. 모든 노래의 주 대상은 하나님이시다. 노래 부르기는 하나의 행위이며 모든 그리스도인에게는 그 자체가 예배행위가 된다.

둘째, 하나님을 향한 악기 연주도 노래 부르기와 마찬가지로 강력한 명령이다.

(시편 147, 149, 150편)

우리가 악기를 가지고 진리를 말할 수는 없지만 악기로 소리 높여 찬양해야 함을 분명히 하고 있다. 주의할 것은, 이러한 것들을 구두로 하는 예배와 동일시 하거나 더 중요하게 여기거나 아예 그것으로 대치해 버릴 수 있다고 생각하는 경우이다.

셋째, 가사가 있는 음악에서는 가사와 음악의 역할이 명확하게 구분되어 있다. 에베소서 5:19에서 바울은 "시와 찬미와 신령한 노래들로 서로 화답하며 너희의 마음으로 주께 노래하며 찬송하며"라고 교훈 한다. 교육적인 중요성이 가사에 있음을 즉 선포와 가르침, 서로 말(화답)하는 데 있음을 인정한다. "새 노래로 여호와께 노래하라 온 땅이여 여호와께 노래할지어다"라고 한 시편 96:1 처럼 음악은 무엇보다 하나님께 드리기 위함이며, 서로를 위하는 것은 이차적이다.

넷째, 최상의 음악은 마음과 영이 합해졌을 때 만들어진다.
(고전 14장)

다섯째, 성경에서 음악 언급을 합해보면, 우리가 상상할 수 있는 모든 상황, 기쁨, 승리, 감금, 고독, 슬픔, 전쟁, 질병, 즐거움, 풍요, 박탈감에서 음악을 한다는 것을 알 수 있다. 결국 우리는 어떤 상황에 처해 있든지 감사함으로 음악에 임한다.

찬양하는 자의 자질

1) 영적 자질

찬양하는 자는 영적으로 교회 일에 기쁨이 없으면 안 된다. 항상 감사함으로 기쁨으로 행해야 한다.

▶Osbeck은 이렇게 말한다.
① 자기가 속량 받고, 죄용서 받았다는 경험 있는 사람이어야 한다. (real Christian, born again Christian, living Christian)
② 하나님께 이 일을 위하여 부름 받았다는 소명감이 있는 사람이어야 한다.

③ 헌신하는 행위가 있는 사람이어야 한다. 이 경우 성공을 위한 헌신이 아닌 성령의 능력으로 행하는 헌신이어야 한다.

▶ Wilson은 이렇게 말했다.
① 성경지식이 필요하다 : 음악을 선택하고 해석함에 있어 교회 교리에 맞는지를 알아야 한다. 그리고 자신의 행동이나 생활을 성경으로 위로하고 책망할 수 있어야 한다.
② 지역사회에 신앙에 따른 행위를 해낼 수 있는 자이어야 한다.

2) 인격적 자질

갈 5:22-23의 '성령의 열매'를 상기하자. 사랑, 기쁨, 화평, 오래 참음, 양선, 선함, 성실, 깨끗함, 진지함, 너그러움 등의 소양을 갖추어야 한다.

찬양하는 자는 자신의 전인적 인격을 발전시키는데 많은 노력을 기울여야 한다. 교회의 모든 연령층과 잘 지낼 수 있어야 하며, 여러 집단과 좋은 친분 관계를 유지해야 한다. 협력할 수 있는 능력, Team-Spirit, 성숙한 사고방식, 따스함과 연민 등의 감정이 필요하다.

3) 음악적 자질

"레위 사람의 지도자 그나냐는 노래에 익숙하므로 노래를
인도하는 자요"(대상 15:22)

찬양하는 자의 음악적인 자질을 우리는 세 가지 면에서 생각해 볼 수 있다.

첫째는 'Native talent' 이다. 이것은 창조의 주이신 하나님으로부터 부여 받은 천부적인 자질이다. 찬양을 담당하는 자에게는 이것이 있어야 한다.

둘째는 'Educational Quality' 이다. 이것은 교육에 의한 자질인데, 찬양하는 자는 교육을 통해서 천부적인 소질을 발휘할 수 있는 자질을 갖추어야 한다.

셋째는 'Self-continual eduction' 이다. 지기 스스로 개발하는 것이다.

이렇게 찬양하는 자는 음악적 자질에 있어서 다른 어떤 면보다 두드러지는 게 좋겠다.

찬송하는 방법

 첫째, 내용을 알고 부른다. 감사의 노래인지, 고백인지, 결의의 노래인지, 기원인지를 분명히 알고 부른다.

 둘째, 음악적으로 바르게 부른다. 음정, 박자, 템포 등 모든 것에 유의해서 불러야 하겠다.

 셋째, 감사함과 기쁜 마음으로 찬송을 드려야 한다. 슬픔의 눈물이 아니라 감격의 눈물이 되게 연주하자. 이 감사의 말은 찬송가 연주 방법 중 아주 중요한 하나의 연주태도를 가리키는 말씀이다.

 넷째, 애조를 띠며 불러서는 안 된다. 애조를 띠며 찬송하는 것은 샤머니즘적인 영향에서 온 연주 방법 중 하나라 할 수 있다.

다섯째, 산만하게 불러서는 안 된다. 찬송 중 자리 정돈을 한다든지 잡담을 한다든지 하는 등의 태도를 보여서는 안 된다.

여섯째, 찬송가 연주에 있어서 어떤 주술적인 기능을 기대하면서 해서는 안 된다. 찬송 받으실 분은 오직 하나님 한 분 이시다.

> "이 백성은 나를 위하여 지었나니 나의 찬송을 부르게 하려 함이니라" (사 43:21)

찬송이란 ① 하나님께 의뢰하는 것이며 ② 신앙을 고백하는 것이며 ③ 기원하는 것이며 ④ 감사의 제물인 것이다. 이에 근거해서 찬송가 중 잘못 편집되어 있는 경우의 예를 들면 다음과 같다.

가슴마다 파도 친다
어머니의 넓은 사랑
사철에 봄바람 불어있고
어서 돌아오오
부름 받아 나선 이 몸 등

우리는 고린도전서 14:26에서 사도 바울이 무질서하고 혼탁한 예배의 모든 것을 책망했던 것을 기억해야 할 것이다.

"그러면 형제들이 어떻게 하면 좋겠습니까? 여러분들이 함께 모여 예배할 때는 찬미하는 사람도 있고, 가르치는 사람도 있고 그것을 통역하는 사람도 있을 것입니다만 모든 것을 교회의 덕이 되도록 해야 합니다."

고린도전서 14:15에서 보여주는 것과 같이 성령께서 주시는 지혜와 영감을 가지고서 찬송해야 한다.

찬양대의 역사

▶남성 중심 : 4C-18C까지는 남자 성인과 소년으로 구성 되었었다. 그러다가 종교개혁 이후 여자가 등장한다. 비록 그렇더라도 회중 찬송에만 국한하였다. 이때에는 소년 찬양대를 위한 교회 성가학교를 운영하였다. 한편, 악기의 사용(13C 악기 환영)과 사용 안함에는 많은 반복 현상이 있다.

▶찬양대의 여성 등장 : 18세기 이후 독일에서 시작되었다. 예배 시 교인들의 참여를 강조하는 경향과 더불어 여성 참여가 시작되었지만 여전히 비전문적이었고 수준도 낮았다.

▶미국에서는 18세기 중반까지 청교도의 영향(역사적으로 균

형 잡히지 않는 음악에 혐오감을 갖음)으로 찬양대가 없었다. 교회 내에서 전통적 노래, 특히 시편가 사용을 장려했고 인쇄된 음악까지도 금지시켰다.

▶뉴욕의 Trinity Church에서 1693년 찬양대를 조직하였다. 찬양대와 Organist를 영국에서 초청하여 조직한 미국 최초의 찬양대이다.

▶1774년에 미국에서 최초 혼성 찬양대가 조직되었다. 메사추세츠 스터턴시의 성가학교가 세워졌다. 이 혼성 찬양대는 아마추어로 구성되었는데 과히 우수하지는 못했다.

▶1815년 Boston에서 헨델과 하이든 협회를 조직하였다. 이 합창단이 '하이든의 천지창조' 중 제 1부를 연주함으로써 본격적인 혼성합창을 소개했다. 이때에 남성은 90명이었고 여성은 10명이었다.

1818년 이 단체가 메시아를 연주했고 로엘 메이슨에 의해 이 단체의 남녀의 비율이 비슷해졌다. 그 후 얼마 되지 않아 여러 교회에서 혼성 찬양대를 채택하였다.

찬양대원의 책임과 사명

1) 한국교회의 성장과 찬양대

현재 한국교회는 성도수 약 천만 명을 훨씬 넘는 교세를 자랑하고 있으며, 개신교회 성장의 역사는 세계 교회사에서 그 유례를 찾아볼 수 없을 정도로 놀라운 성장을 이룩하고 있다. 세계에서 가장 큰 규모의 20개 교회 중 무려 여섯 교회가 들어 있음은 이를 뒷받침한다. 교회 성장에 관한 독일의 『교회 성장』 잡지에는 세계에서 가장 큰 교회를 순복음교회로 기록하고 있고, 그 외 영락교회, 숭의감리교회, 광림교회, 충현교회 등을 적고 있다.

더욱 특기할 만한 사실은 이렇게 큰 부흥 동기는 바로 찬양의 힘이 컸다는 사실이다. 한국교회의 특이성은 각 교회마다 거의 찬양대를 두고 있다는 점이다. 실제로 찬양대의 비중이 교회 예배 내에서 매우 크다.

일반적으로 한국교회 성장 이유를 다음과 같이 들고 있다.

첫째, 한국 전쟁으로 미국의 막대한 구호물자가 한국 교회에 보내짐에 많은 사람들이 이러한 물질적 원조에 감사해 교회 나오게 됨.

둘째, 기독교를 신앙하는 미국이 남한을 공산주의자들로부터 구출해 준 나라였다는 점.

셋째, 6.25 전쟁 후 대개 낡은 전통이 타파되어 새로운 어떤 것을 받아들일 수 있는 풍토가 만들어졌던 점.

끝으로, 여기에 또 하나의 큰 이유는 바로 한국 교회의 찬양대와 그들의 찬양을 들 수 있다. 실로 한국인 만큼 노래 부르기 좋아하는 국민들도 드물 것이다. 이러한 심성을 가진 한국 성도들이 하나님 찬양하는 일에 절대 게을리 할 수 없었을 것이다. 찬양의 목적은 '시와 노래로 하나님께 영광 돌리는 것이니 노래로 하나님을 기쁘게 하는 것이다.'

우리 한국인들이 찬양대로써, 평신도로써 개개의 교회에서, 일터인 삶의 현장에서 항상 하나님을 찬양해 왔음이 바로 한국 교회를 부흥, 성장시킨 원동력이 아니었을까? 하나님 명령에 따라 열심히 하나님을 찬양했기에 하나님께서 이토록 한국 교회를 사랑하시어 놀라운 성장의 기적을 한 세기 만에 이룩하셨으리라.

축복의 근원, 은총의 통로가 되는 찬양대원이 되시라.

2) Berufung 하는 Beruf로써의 찬양대

'Berufung'의 중심 되는 뜻은 하나님으로부터 부름 받은 '사명' 또는 '소명'을 들 수 있다. 찬양대에 선 자들은 '사명' 또는 '소명'에 의해서 자신이 이 자리에 서 있다는 것을 한 순간이라도 잊어서는 안 된다. 이런 '소명' 의식을 가지고 언제나 'Beruf'된 자임을 알아야 한다. 'Beruf'는 보통 직업이나 직무를 의무하지만 '불러들임', '소환' '소집'의 뜻도 있다. 찬양대원에게 요구되는 것은 하나님에 의해 '불러들여진' 자임을 알아야 한다. 찬양대원은 엄밀히 살펴보면, 하나님께로부터 부름 받은 즉 소환 받은 직분자이다.

진심을 목숨걸고 전하는 중인들이 되시길!

3) 불협화음 내는 꾼들

'Harmony'를 보통 '협화(協和)'로 번역한다. 그런데 이 단어 중 '協' 자는 참으로 묘한 모양을 하고 있다. 중국의 문자학과는 전혀 무관한 것이지만, 교회 음악적으로 이렇게 보인다. 즉,

' + ' 십자가 안에서 셋이 힘(力)을 합하는 모양으로 보인다. 'Harmony'란 하나님 안에서 서로 도와 조화를 이루는 것인데, 찬양대원들 중에는 불협화음을 내는 '꾼' 들이 있다. 그렇게 되지 않게 늘 주의해야 할 것이다. 하나님께 찬양으로 영광 돌린다면서 영광을 가리는 비 신앙적 행동이 되지 않도록 말이다. 그 화음이 음악적이든 인간적이든 신앙적이든 모든 면에서 말이다.

여기서 우리는 잘못된 찬양대원의 모습을 살펴볼 필요가 있다.

① 연습은 참석하면서도 정작 예배찬양에 불참하는 찬양대원이 있다. 노래 자랑하는 것이 아니고 하나님께 올리는 제사임을 명심해야 한다.
② 연습은 하지 않고 예배 찬양에는 항상 적극적으로 참석하는 찬양대원도 있다. 준비하는 그 순간부터가 이미 찬양이다.
③ 그중에는 5-10분 정도로 '살짝' 늦는 상습 지각 찬양대원이 있다. 경험으로 보아 차라리 40-50분씩 늦었던 대원은 나중에 고치는 확률이 높지만 이 '살짝'은 고질이 되기 쉽다.
④ 찬양대 행사에 늘 불만을 토로하며 참석치 않는 찬양대원이 있다. 예를 들면 기도회, 야유회, 친교모임, 찬양대 세미

나 등에서 상습적 불협화음을 내는 자들이 있다. 협화음은 찬송에만 요구되는 덕목이 아니다.
⑤ 예배 도중 딴전 피우는 찬양대원이 있다.
⑥ 찬양대석에 앉아 졸기를 잘하는 깜빡 찬양대원도 있다.
⑦ Christian인체 하는 얌체 찬양대원도 있다.

Christian이란 글자를 풀어보면, 'Christ + 'i' + 'a' + 'n' 이다. 이것을 다시 나열해보면 "Christ is all now"가 된다. 이 말은 "이 젠 그리스도가 내게 전부인 삶을 살겠다"고 다짐하고 그렇게 사는 그리스도 제일주의의 삶을 말한다.

그리하면 "성숙한 감사로 나의 모든 것은 하나님의 은혜"라고 고백하게 된다.

4) 훌륭한 찬양대원이 되는 비결

훌륭한 찬양대원이 되기 위해서는 조건을 갖추어야 한다.
하나는 신앙적인 면이고, 둘째는 음악적인 면이다. 이런 조건을 만족시키기 위해서는 다음과 같은 자세를 갖추어야만 한다. 하나는 시간을 철저히 지켜야 한다. 시간을 잘 지키면 절반 이상은 다 된 것이나 다름없다. 둘째는 정성껏 찬양 드리기에 항상 힘써야 한다. 늘 주님을 사랑하는 마음으로 기도로 시작하고 은혜로운 찬양이 되도록 노력한다. 셋째는 자리를 채우는 은사를 받아야 한다. 눈이 오나 비가 오나 바람이 부나 오직 찬양대석에 있는 자신의 자리를 굳건히 지키도록 한다.

왜냐하면 하나님께서는 그의 속사람을 보시는 분이시기 때문이다.

오직 하나님만을 찬양하고 그를 기쁘게 하는 것은 하나님의 자녀로써 해야 할 찬양대원의 책임과 사명이다.

'나의 삶이 주를 선포하리리'

찬양 지도자의 책임과 사명

 "음악의 아버지인 Johann Sebastian Bach와 종교 개혁가 마틴 루터 중 누가 먼저 세상에 태어난 사람인가요?" 질문하면 놀랍게도 J.S. Bach라 대답하는 사람들이 많다. 실상은 루터가 J.S. Bach 보다 근 200여 년이나 먼저 난 사람인데도….

 바하가 Heinrich Schutz의 영향을 받았다. 하지만, 한 마디로 루터의 종교개혁의 산물로써 만들어진 루터 음악의 완성자라 함이 더 타당할 것이다. 교회음악에 거의 온 정열을 바친 바하는 주로 Cantata를 썼는데 300곡이 넘는 막대한 양을 작곡했다. 이 양식은 가사가 성경 본문이기 때문에 신앙적 가치가 높고 곡 전체에 독창, 중창, 합창 등 모든 음악적 양식을 동원한 것이었다.

오늘날 전해오는 약 220여 곡의 칸타타는 바하 전체의 작품 1/3에 불과하다. 약 20여곡의 세속 칸타타와 200여 곳의 교회 칸타타이다.

한편 바하와 같은 나이, 같은 고향의 헨델은 전혀 바하의 영향을 받지 못했다. 오페라로 성공하기 위해 영국으로 건너갔던 헨델은 세 번이나 무참히 파산을 하고 실의에 빠져 있다가 불과 24일 만에 '메시아'를 작곡하여 생기를 되찾았다.

이 세상에 멋진 아리아와 멋진 합창곡이 수없이 많으나 헨델의 '메시아' 만큼 멋진 아리아와 합창곡으로 된 작품은 드물 것이다. 이 '메시아'는 동작 없이 음악으로만 연주된다.

전 3부, 53곡의 독창 및 합창과 악보로는 350페이지, 소요 연주시간은 약 2시간 반 정도의 대곡이다. 바하가 신 교회에 주로 공헌한 바가 Cantata와 Chorale이라면 헨델의 공헌은 Orartoria였다.

그렇다면 우리의 한국 교회들은 음악에 대하여 어떠한 자세를 갖추어야 할까?

1) 회중 찬송의 수준을 높여야 한다.
우리 감각에 맞는 우리 찬송가가 한국 작곡가에 의해 쓰여진 것들이 많이 나와야겠다.

2) 각 교회마다 Organ 음악을 활성화 시켜야겠다.

한 사람의 연주자에 의해 관현악단과 같은 소리를 낼 수 있는 오르간 사용은 중요하다. Francesco Landini(1325-1397)가 오르간 연주할 때 사람뿐 아니라 동물과 새까지도 감동되었다는 일화가 있다.

3) 교회음악의 프로그램을 다양하게 활용해야 한다.

교회의 사명이 예배, 전도 교육, 친교라 한다면 이 방법에 모두 고루 음악을 활용하여 오로지 하나님께 영광 돌리자는 것이다. 중요한 것은 우리 교회의 중심이 하나님이 아니라, 신자들 간의 분위기, 또는 사교를 중심으로 한 친교에 치우칠 때 교회음악의 좌표와 지향점은 상실되고 만다는 것이다. 무서운 것은 오늘날 인본주의가 하나님의 것에 적당한 구실을 붙여 인간의 것으로 변조하고 있다는 점이다. 칼빈이 위대한 순교자를 '주기도문'이라 하였음을 상기하자. 많은 이들이 '기도'라는 가운데의 두 글자를 떼어버리고 무감각하게 '주문' 으로 외우고 있으니……

우리는 모든 것을 성경 속에서 찾도록 하자. 성경에 최초로 등장하는 '유발'이라는 음악인, 모세가 홍해를 건넜을 때 여인들이 불렀다는 〈미리암의 노래〉역시 인간은 진화의 과정으로 생성된 것이 아니라 하나님이 흙으로 빚어 만든 창조물임을 성경 창세기에 분명히 명시하고 있다.

양적 팽창을 넘어서서 질적 성숙을 더해야 할 새 시대에 한국의 교회음악은 그 방향을 검토할 때에 이르렀다. 성경과 신앙 양심에 호소하는 모든 것을 성경 중심으로 되돌려야 할것이다.

우리가 실패한 자리에서 또다시 시작하시는 하나님. 그 하나님을 기억하며 나아가자.

음악 해석의 근본

음악을 바르게 해석하기 위해서는 가사와 음악의 관례를 알아야 한다.

1) 음익의 확정성과 불확정성

음악 요소들 중 작곡가의 의도에 따라 연주되는 것이 있고, 그렇지 못한 것이 있다. 작곡과 연주에서 볼 때, 작곡가 의도가 그대로 반영되는 것은 확정성을 가지고 있고, 그렇지 않은 것은 불확정성을 가지고 있다고 한다.

예를 들면 선율, 리듬, 화성 등은 확정성을 가지고 있고, 한편 음색, 템포, 다이내믹, 아티큘레이션 등은 연주자의 해석, 기량,

취향, 느낌의 조건에 따르기 때문에 불확정성을 가지고 있다.

2) Word Painting: 가사 그리기

성악곡을 작곡할 때 가사를 선율, 화성, 리듬, 템포 등의 모든 음악적 요소에 그리려 해야 한다. 이러한 시도는 르네상스 시대부터 볼 수 있다.

예를 들면 〈언덕에 오르다〉의 가사에는 상행하는 선율을, 〈어두움〉과 같은 가사에는 단3화음을 써서 가사의 뜻을 음악에 나타내려 한다. 하이든의 〈천지창조〉에서 '하나님(Gott)'은 높은 음을, '하늘(Himmel)'은 그 다음 음을, '땅(Erde)'은 낮은 음으로 음 높이를 적용한다.

또한 피카르디 3도를 써서 장 3화음으로 바꿈으로써 '빛(Light)'을 그리면서 '빛(Licht)'은 포르테로 나타내어 돋보이게 하고 있다. 이 외에도 '절망', '분노' 등은 감7화음의 불협화음 등으로 하고 있다. 그러므로 가사가 지니고 있는 느낌에 따라 연주를 위한 느낌이 결정되어야 한다.

가사음악인 교회음악에서의 word painting의 표현은 매우 중요하다.

3) 음군, 음형, 동기, 프레이즈

낱말이 모여 언어의 문장이 이루어지듯 음악에서도 언어의 낱말격인 음군, 음형, 동기 등이 모여 악절, 악구가 이루어진다.

4) 질 좋은 찬양

진정으로 음악의 질을 추구하는 자는 처음에 아무리 실망이 되고 더디더라도 결국 질을 찾게 될 것이다. 나의 경우 음악을 어떻게 결정하는가?

1. 온 정성을 다해 진정으로 질을 추구하여 찾아보라. 질적인 추구가 하나님의 일과 조화를 이루지 못하는 것 같아 보이기도 하나 설코 그래서는 안 된다.
2. 질에 관해서는 그저 머리로 생각만 하지 말고 몸소 행하리. 질을 잡아라. 음악(찬양)이 다가오게 하지 말고 반대로 당신이 음악에 다가가라. 하나님의 창조물을 다스리도록 당신을 창조하셨음을 기억하라
3. 역사 살피기를 두려워 말라. 세월의 시련이란 것이 질을 가려내는 좋은 본보기가 되기 때문이다.
4. 실질적으로 현장에 있는 음악인이나 전문인들에게 세심한

주의를 기울여라. 비록 고결성의 결핍이 영적으로 포장되어 있더라도 음악을 진실되게 하는 참된 그리스도인을 발견하게 될 것이다. 귀 기울여라.

5. 음악 결정이 결국 양심의 문제가 된다는 것을 분명히 해 두라. 당신의 결정에 대해 책임을 져야 한다. 참으로 겸손히 질을 추구하는 목회자, 교회지도자, 음악담당자들은 질을 찾아 들어설 때 그 길이 영적으로 바른길, 하나님의 역사를 발견하게 될 것이다.

6. 어떤 음악을 들으면서 다른 류의 음악의 질에 대해 판단하지 말라.

7. 절대화 된 음악 의견은 전염병 피하듯 하라.

근대교회 음악사상

1) 음악의 수사적 발전(미사, 과장되어짐)

19세기 구체적으로 1820-1920년 사이 낭만파 음악의 시작은 베토벤으로 보고 있다. 그 후계자들을 음악사적으로 '낭만파 음악이라 부른다. 이 낭만파 음악의 성격은 감정중시 즉 감정이 음악의 주인이 된다. 인간의 감성적 느낌으로 음악을 해석했고, 기쁨, 슬픔, 열정, 좌절을 음악으로 나타내었다. 이들에게는 음악기술이 요구되어지고 불협화음, 반 음계적 화성 등이 사용하게 된다. 다시 말해 음악은 분위기(Mood)를 만들어내는 역할을 담당한다.

또한 Program Music이 등장하게 되었다. 예를 들면 List의 〈Paust〉 베를리오즈의 〈환상 교향곡〉 등이 그것이다. 이들은 생각을 음악으로 해석하여 나타냄으로써 음악을 도구로 사용한다. 실체보다는 분위기를 나타내는 것이 더 중요해졌다.

2) 교회음악에 미친 영향

1. 감상벽 (Sentimentality)의 문제점
'확실한 내용이 없이 나타나는 감정적 현상'은 결국 교회음악의 질을 낮추는 결과를 초래했다. 내용 없이 기쁨을 부추기는 등의 감정자극의 곡들이 많이 등장한다. 그런데 이러한 감정은 Natural Emotion 일지언정 Christian emotion이 될 수 없다.

2. 가톨릭 교회음악
1903년 『PiusX』 'Motu Proprio' 칙령이 발표되었다. 건전한 음악이 교회 안에 있어야 한다. 이성과 감성의 어울림을 강조하고 있다.

한국교회의 찬송에 대한 인식

찬송이란 "하나님을 숭배하고 찬양을 드리는 것"이다
-Harvard Dictionary-

 이것은 노래를 통해 하나님께 영광을 돌리는 것을 말한다. 그러나 이러한 본연의 뜻과는 달리 아직도 한국 교회의 일부에서는 찬송이 그저 예배를 돕기 위해서, 또는 주술의 효과가 있다고 믿는 성도들이 있다. 이런 샤머니즘적 요소들은 다음과 같이 나타난다.

1) 주술적 기능을 기대하고 찬송을 부른다

찬송가 연주상으로 본 샤머니즘적 경향으로, 샤머니즘에 있어서 무녀(巫女)가 무가(巫歌)를 부를 때 주술적 기능을 발휘할 목적으로 부르는 것처럼, 성도들 중에 많은 사람들은 어떤 초자연적인 능력이 노래에서 나타나기를 기대하고 있는 것이다.

중환자를 놓고 찬송을 부를 때의 그 태도는 신에게 어떤 요구를 하기 전에 신의 영광을 높이려는 그런 태도가 아니라, 마치 그 노래가 어떤 능력을 나타내는 것 같은 생각을 품고 연주하고 있다.

2) 찬송가 연주가 매우 산만하다

설교 시에는 그래도 좀 나은 편인데 찬송가를 부를 때 심지어 하품하는 사람, 출입하는 사람, 외투를 벗거나 입는 사람, 귀가 준비를 하는 사람들이 많다. 오히려 이런 행위는 직급이 높은 성도 중에 많이 나타난다.

또 찬송가를 부르는 도중에 좌석을 정리한다거나 사람을 불러내는 일을 예사로 행하고 있다. 이런 일은 분명히 샤머니즘적인 경향이다. 왜냐하면 전지, 전능의 신 앞에 그 영광을 위한 노래를 부르는 찬송의 개념이 확고할 때에는 이런 일이 있을 수 없기 때문이다.

3) 애조 띤 찬송가 연주를 지극히 좋아한다

기독교의 찬송은 감사함과 기쁨으로 불러야 하는데 비해 Shaman의 무가는 항상 애조를 띠고 있다는 점이다. 찬송가에는 3가지 특성이 있어야 한다.

첫째, 일반성도들의 노래이기 때문에 쉬워야 한다.

둘째, 함께 부르는 노래이기 때문에 표현적이어야 한다.

셋째, 하나님을 기리는 노래이기 때문에 성경적이어야 한다.

성도들이 찬송가를 다 같이 부르는 가창은, 종교개혁으로 생겨난 산물로서 교회음악의 구원이다. 예배 시 찬송을 부르는 일은 결코 부수적인 것이 아니라, 성경 봉독이나 설교와 더불어 예배에서 가장 중요한 요소 가운데 하나인 것이다.

음악과 은총은 구속의 순간이다

1. 하나님의 구원의 은총은 구속받은 자의 마음에 노래가 흘러 넘치도록 해 준다. 시편은 계속해서 하나님 구원에 대한 노래를 들려 준다. 사도 바울은 교회에 노래를 가르치라 말한다. 즉 음악을 통해 은총에서 시작, 은총으로 끝남을 교회에 가르치려는 것이다. 결코 음악의 배제는 아니다.

2. 성경에서는 하나님이 그의 자녀들이 노래하는 것을 기뻐한다고 기록하고 있다. (습 3:17)
은총으로 구원받은 사람은 구세주에게 노래로 응답한다. 그러면 은총으로 가득차고 영원히 구원하여 주시는 하나님은 그들을 향해 노래하신다. 하나님의 노래는 은총과 마찬가지로 가늠할 수 없고 억누를 수 없는 것이다. 하나님의 노래는 은총으로부터 우러나오고, 구속적인 사랑으로 추진되며, 그리스도의 승리에서 완성되고, 결과적으로 교회의 찬양을 장식하는 노래를 가져온다.

3. 은총의 최후 승리는 새 하늘과 새 땅의 음악에서 나타나게 된다. 요한계시록은 구속받은 자의 영원한 노래에 대해 지면을 할애하고 있다.

4. 은총은 우리만이 간직할 수 있는, 아무도 모르는 영예로운 하나님의 은총이 아니다. 교회는 하나님의 은총을 노래를 통해 전한다. 가사 있는 음악이든 아니든 그 자체로서 은총의 의미가 있다. 음익은 구세주의 발에 쏟아 붓는 기름이며, 사람들의 귀와 영혼과 삶을 겨냥하는 향기로운 사역이다. 음악은 그리스도 예수 안에 넘쳐 흐르는 하나님의 은총에 직접 응답하는 예배행위로서 신앙에 의해 자유롭게 만들어지는 것이다.

그러면 교회 음악이란 무엇이란 말인가?

첫째, 찬양대는 하나의 생명을 가지고 존재하는 생명체다. 설교가 강연회가 아니듯 찬양대 또한 절대 장식품이 될 수 없다.

둘째, 찬송가는 다음과 같이 불러야 한다.

우선 내용을 알고 부른다. 그 기록 음악적(템포, 박자, 음정 등)으로 바르게 부른다. 다음, 감사하는 마음으로 기쁘게 부른다. 그리고 샤머니즘적인 요소를 배제해야 한다. 주술적 기능을 배제하고 산만하지 않고 애조 띠며 부르지 않도록 해야 한다.

셋째, 오르간은 예배를 도와야 한다. 예배는 성도들의 찬송과 기도와 고백을 하나님께 드리는 시간이다. 예배로서의 오르간은 악기 자신이 주를 향해 예배드리고 찬양 드리는 것이 아니다. 아무리 훌륭한 연주라도 그리스도를 향한 것이 아니면 생명은 없어지고 만다. 오르간의 아름다운 음색이 결코 '주문'이어서는 안 된다.

넷째, 찬양대의 훈련은 계획적으로 시도되어야 하고 구체적이어야 한다. 주님에 대한 과감한 봉사와 헌신이 적극적으로 요구된다. 찬양대는 먼저 듣는 훈련으로부터 시작해야 하며, 화음연습은 찬송가에 준해서 하는 것이 바람직하다.

다섯째, 찬양대 운영에 대한 체제가 이루어져야 한다. 도서, 관계자료, 가운, 환경 등 전반적인 면에서 구체적으로 체계를 갖추어 가야 한다.

여섯째, 찬양대 프로그램은 다각적으로 계획되어야 한다.

특히 신앙 지도 면에서, 음악 지도 면에서, 대내외 활동 면에서, 재정계획 등의 면에서 기획되어야 한다.

일곱째, 찬양대 교육은 계속되어야 한다. 그리하여 영과 이성으로 찬미할 수 있어야 하며, 참된 제자직을 수행할 수 있어야 하며, 질적 향상을 할 수 있어야 한다.

여덟째, 예배와 찬양대와 오르간은 결코 독립되어 있는 것이 아님을 명심해야 한다. 이들이 서로 긴밀한 연관관계를 가져야만 본래의 목적과 사명을 완수할 수 있다.

언제나 출발은 바로 '지금', '여기'이다.

지금 있는 그 자리가 최선의 자리이며 지금 이 순간이 다시없는 축복의 시간이다. 다시한번 하나님에 대한 경건한 순종을 다짐해 보라. 찬양의사명으로 말미암아 존재의 의미를 느끼며 감동이 넘치는 인생이 될 것이다.